U0676474

李学勤

罗哲文　俞伟超　曾宪通　彭卿云

大清盛世时期

李　默／主编

中华文明是人类历史上最伟大的文明之一，是人类文明发展的主要构成。中华文明丰富、深刻、辉煌、博大，在人类文明中的骨干作用和领导作用为人所共知。在人类文明的发源时期，中华文明就是四大古文明之一，是地球上文化的策源地之一。

廣東旅游出版社
GUANGDONG TRAVEL & TOURISM PRESS
悦读书·悦旅行·悦享人生

中国·广州

图书在版编目（CIP）数据

　　大清盛世时期 / 李默主编 . — 广州：广东旅游出
版社，2013.1（2024.8 重印）
　　ISBN 978-7-80766-462-8

　　Ⅰ.①大… Ⅱ.①李… Ⅲ.①中国历史—清代—通
读物 Ⅳ.① K249.099

　　中国版本图书馆 CIP 数据核字 (2012) 第 296856 号

出 版 人：刘志松
总 策 划：李　默
责任编辑：张晶晶　梁诗淇
装帧设计：盛世书香工作室　腾飞文化
责任校对：李瑞苑
责任技编：冼志良

大清盛世时期
DA QING SHENG SHI SHI QI

广东旅游出版社出版发行

（广东省广州市荔湾区沙面北街 71 号首、二层）
邮编：510130
电话：020-87347732（总编室）020-87348887（销售热线）
投稿邮箱：2026542779@qq.com
印刷：三河市嵩川印刷有限公司
　　　（河北省廊坊市三河市杨庄镇肖庄子村）
开本：650×920mm　16 开
字数：105 千字
印张：10
版次：2013 年 1 月第 1 版
印次：2024 年 8 月第 3 次印刷
定价：45.80 元

［版权所有　侵权必究］
本书如有错页倒装等质量问题，请直接与印刷厂联系换书。

出版者识

　　《话说中华文明》是一部全景式图文并茂记录中国文明历史的大书。出版者穷数年之力，会集各方力量——专家、学者、编辑、学术顾问们，在浩如烟海的历史档案、资料、著作中，探珍问宝，追寻中华文明在悠悠历史长河中的灿烂之光。此书的出版，凝聚了编撰者的心血，学术顾问们的智慧。尤其是李学勤先生，亲自动笔写下了序言，更增加了本书沉甸甸的分量。

　　中华文明的历史充满了辉煌与苦难，成就和挫折。它的历史无处不在，决定着我们中国人今天的思想和感情。当今的中国和中国人是中华文明的历史造就的，是中华文明的历史的延伸，也是它的一个组成部分，中华文明的历史之河奔流到现在。

　　中华文明是人类历史上最伟大的文明之一，是人类文明发展的主要构成。中华文明丰富、深刻、辉煌、博大，在人类文明中的骨干作用和领导作用人所共知。在人类文明的发源时期，中国就是四大古国之一，是地球上文化的策源地之一。在人类文明的早期，中华文明成为文明在东方的支柱，公元前后200年间，人类的汉帝国与罗马帝国这两只铁手攫住了地球。在欧洲进入中世纪的时候，中华文明更成为人类文明最主要的领导，它的文明统治东亚，传遍世界。进入近代，中华文明处于自身的重压和西方的欺凌下，但中国人民的斗争史和奋起精神是人类文明历史中不可缺少的一页。

　　五千年的中华文明为人类贡献出了从思想家孔子到科学技术的四大发明、从唐诗宋词到长城运河的伟大创造，贡献出了从诸子百家到宋明理学，从商周铜器到明清文学的深刻内涵，也贡献出了从五霸七强到三国纷争、从文景之治到十大武功的辉煌历史。中华文明的历史绚烂多彩，在人类文明的历史长河中永放光芒。

　　中华文明也是人类历史上最独特的文明，没有哪一个文明像中华文明这样持久，这样统一一致。世界上其他文明不但互相交错，其创造者也都与高加索体质的人种有关，它们是姐妹文明。在人类历史中，只有中华文明才是独特的，它的创造者是中国土地上的中国人民，与其他任何地方的人民都没有关系，它的文化是统一一致的文化，可以不依赖于其他任何文明而生存，但中华文明也绝不是封闭的，它接受他人的文化，也承担自己对于人类的责任。

　　人类进入新世纪，中国的社会经济发展令世人瞩目。人们对于世界未来的政治和经济结构的估计无不以东亚和太平洋为中心，而尤以中国为重点。

　　经济起飞只是当代中国的一个方面，中国的精神文明的建设尤为刻不容缓。如果中国要自觉地发展中华文明，要有意识使中国的发展具有世界意义，就必须发展强有力的精神文化，这样才能使中华文明的发展进入一个新的阶段，才能形成中国和中华文明的全面现代化。

而中国的精神文化的发展植根于中华文明的伟大传统之中。进入近代之后，在西方文化的冲击下，对于中国文化的价值产生大量的情绪化和激烈冲突的论调。"五四"运动打倒孔家店的口号具有冲破封建束缚的时代意义，对中国文化的发展有不容否认的正面意义，与文化虚无主义是完全不同的。文化虚无主义者否定中国传统文化，在现代化的旗帜下主张全盘西化；而复古主义则沉迷于中国文化的古董，走进反进步、反科学的泥潭。

历史的发展则超越了所有这些论点，产生这些论调的一百多年来的中国近代史已经结束。历史要求中国发展，要求中国走在全世界发展的前列。西化论和复古论都已过时，历史已经要求世界超越西方，中国可以承担起世界的命运，而中国的现实和世界的历史都说明，中国的使命在于它的发展前进，而非倒退。

中华文明走出迷惘的时代，我们这一代处在一个伟大而具有挑战的历史阶段。

总结历史、展望未来，这就是《话说中华文明》的意义和使命。我们创作《话说中华文明》，力求总结和回顾中华文明的全貌，在内容和形式上都开创一个新的局面。在内容结构上，既具有一定的深度，又具有相当的广博性，既有严谨、准确的学术价值，又有活泼、流畅的可读性。我们在本丛书内容纳了中华文明的各个方面，使它综合了大规模学术著作的系统性、严密性和普及读物的全面性、简易性，它既可作为大型工具书检索中华文明的各个成分，又可作为通俗的读物进行浏览。

我们从上世纪 90 年代初起就开始思考中华文明的历史和现实问题，并逐渐形成了编著《话说中华文明》的设想。在开展这项庞大的文化工程之始，我们就聘请了国内权威学者李学勤、罗哲文、俞伟超、曾宪通、彭卿云诸先生担任学术顾问，他们对计划作了充分讨论，并审阅了大量初稿。我们聘请了广州、香港地区的社会科学学者、大学教师、研究生以及我社编辑人员几十人担任稿件的撰写工作。

通过创作这部书，我们深深地感受到了中华文明的博大精深，也感受到了它的内在缺陷。中华文明具有辉煌的时期，也有苦难的年代，有它灿烂的成就，也有其不足的方面。中华文明在自身中能够吸取充分的经验和教训，就能够使自身健康壮大，成长发展。

通过创作这部书，我们也深深感受到了出版事业的使命和重任。我们希望这部书能受到广大读者的喜爱，起到它所应当起的作用。为中华文明的反省、前进和奋起作一点贡献。

目 录

大清盛世时期

大
清
盛
世
时
期

清朝

建立密折制

为了加强皇权，有效地控制文武百官，康熙六十一年（1722）十一月二十七日，雍正帝登基后仅七天，就建立了密折制度。秘密奏折在康熙年间已经存在，是联系君臣的一种特殊文书，具保密特点。至雍正当朝，则形成制度化，规定前朝奏折必须缴回，不容抄写、存留、隐匿。此后多次颁旨，制定有关具体规章。可以上密折的人员，除科道官外，还有大学士、各部尚书、侍郎、总督、巡抚、布政使、按察使、提督、总兵等，以及皇帝的特准人员，如地位较低的知府、同知等。所言中肯，即命施行，如不适当，则留中不发。密折几乎全有雍正朱笔批语，称"朱批谕旨"。奏折和朱批谕旨是密折制度的主要成分。密折内容，除陈事外，还可用来举荐。上自军国重务，下至身边琐事，无所不包。凡上密折的人员，必须履行保密义务，密折经皇帝批阅发给本人看过后必须按期缴还，不得误期或私藏。此外，对于密折的缮折、装匣、传递、批阅、发还本人等程序，都有严密规定，不得紊乱。

密折制的建立，使雍正直接处理庶务，强化了垄断权力；使官员之间互相牵制，不敢妄为，成为推行政令的工具、控制百官的手段，影响深远。

秘密立储制度建立

雍正元年（1723）八月十七日，雍正帝召见总理事务大臣、满汉文武大臣、九卿于乾清宫西暖阁，宣布秘密立储方法。他将选定的继承人之名亲笔书写后密封，藏于匣内，然后置于乾清宫正中由顺治帝亲笔所写的"正大光明"匾额之后，以备不测。群臣对此没有异议，秘密立储制度遂正式确立。雍正于乾清宫密诏之外，另书内容相同之传位诏书放于圆明园内。雍正帝密建太子，收到了立国本以固人心的政治效果，避免了历代皇子为争储位、储君与皇帝争权，以致储贰骄纵、皇帝身心忧瘁等弊端。该制度减少了政治混乱，有利于政局稳定。乾隆帝登基后，认为此法甚好，于是继续实行。后来的嘉庆、道光都相继采用这个方法立嗣。除将密诏置于乾清宫"正大光明"匾额后面外，亦把内容相同的传位诏书放一小匣内，随身携带，以防不测。此后咸丰只有一子，同治、光绪无子，因此，也就无从施行此法。

秘密建储匣

从雍正创立秘密立储制度到乾隆、嘉庆、道光、咸丰诸帝的继承来看，这一制度是成功的。

完善摊丁入地制

清雍正元年（1723），九月，清廷批准了直隶巡抚李维钧的建议，决定自明年起在全国实行摊丁入地政策。摊丁入地，又称"地丁合一"，"丁随地起"，是雍正朝开始向全国推行的一项赋役制度的改革，旨在改变丁税的征收方法，即将丁银摊入地亩一起征收。

嘉庆十六年（1811）方汪氏卖地的地契

康熙朝时，实行的"滋生人丁永不加赋"政策，虽对无地和少地的农民有一定好处，但并没有解决赋役不均的问题。其时摊丁入地制已在四川、广东等地有所萌芽，但由于地主的反对，这一措施未能向全国推广。现在各地巡抚的反复要求下，雍正帝终于下决心在全国实行摊丁入地的政策。具体办法是：把各省丁税原额分摊在各州县的土地上，每地税一两分摊若干丁银，自一二钱至七钱不等。这种方法使有田者增加赋役，贫者免役，改变了过去丁役不均、放富差贫的现象。

　　"摊丁入地"在全国实施后，立即遭到了地主阶级的强烈反对，浙江、直隶、山西等地都发生了地主闹事事件。他们或聚集于官府前滋扰喧闹，或转向农民大辐度加租。但是，由于雍正帝决心已定，不可动摇，在他的坚持下，这项改革得以贯彻到底。全国范围内的摊丁入地到乾隆后期基本完成，只有山西省的某些州县到光绪时才最后解决。

征青海

　　雍正元年（1723）十月，罗卜藏丹津发动叛乱，清廷命年羹尧前往平叛。罗卜藏丹津，清代厄鲁特蒙古和硕特部台吉，和硕亲王达什巴图尔之子。康熙五十三年（1714）袭父位。康熙五十九年（1720），随清军入藏驱逐准噶尔军，次年胜利后返回青海。以进藏平乱有功，图谋据守西藏以遥控青海，阴谋受挫后即对清廷怀怨在心，暗中勾结漠西蒙古准噶尔部策妄阿拉布坦，以固始汗嫡孙自居。雍正元年（1723）夏，公开竖起反清旗帜。遭到和硕特部亲王察罕丹津等人的反对，遂起内乱。清廷先派常寿前往劝和，没有结果。后组织平叛大军，从八月下旬到九月初，连派年羹尧、岳钟琪、富宁安等分路进兵。经过周密部署，数月征战，迫使叛军10万余众投降。次年又取得郭隆寺大捷，罗卜藏丹津改女装逃跑，历时半年的叛乱被平息。从此，清政府接受了年羹尧提出的善后事宜13条，在西宁派驻大臣，展开屯田，兴办农业。青海地区局势日益稳定。乾隆二十年（1755），清军平定伊犁时俘获罗卜藏丹津，获宽宥，并令居京城，不许擅出。

推行宗族制

　　雍正二年（1724）二月二日，雍正帝下令刊刻《圣谕广训》，颁发全国。《圣谕广训》第二条就表明本书是"笃宗族以昭雍睦"。他特别强调"凡属一家一姓，当念乃祖乃宗，宁厚毋薄，宁亲毋疏，长幼必以序相洽，尊卑必以分相联"。他号召宗族兴建祠堂，设立宗族学校，添置族产，纂修谱牒，并以这四件事当作维持宗族制度的要务。此书的颁发，采取了下达行政命令的方式，要求各地定期宣读。各州府县学，必备此书。凡童生的入学考试，必须会背诵其中的一条，否则不能入学。雍正四年（1726），雍正帝还下令在宗族设立宗正，负责考察族内人民的行为是否符合

广州陈家祠

封建的道德标准，表彰贤者，惩治不肖者。而族正的人选，却要由政府指定，代表官方，以此加重宗祠的权力。后清政府又赋予了祠堂以惩治族人的某种司法权，这样，便通过宗族权力进一步控制了人们的思想，以维护、稳固清王朝"大一统"的统治局面。

开始发养廉银

雍正二年(1724)七月,雍正帝在下令推行"耗羡归公"的同时,还实行了"养廉银"制度。

"耗羡"是指征收赋税、交纳钱粮时对合理损耗部分的补贴。"耗羡"在归公之前，均由地方官私征私用，实行耗羡归公后，耗羡的征收完全合法，但收入不归州县官，而属布政司，这就使地方官失去了一条生财之路。为了防止官吏再对百姓征收额外费用，以致出现新的贪赃枉法行为，雍正帝决定实行"养廉银"制度，即在正俸之外，从耗羡归公部分提取一些给州县官作为生活补贴及办公费用，实行养廉银制度之后，官吏们可以得到几倍甚至几十倍于正俸的收入，对减少贪污起到了一定作用。

《行水金鉴》成书

铸铁牛局部铭文

铸于康熙四十年(1701)的位于裹运河的铁牛，
名为"镇水"，实为测量水位的标志。

由傅泽洪主持编修，郑元庆编辑，成书于雍正三年（1725）的《行水金鉴》，是古代长江、黄河、济水，特别是京杭运河的水利文献资料总汇编。

全书 175 卷，其中河水 60 卷，淮水 10 卷，汉水、江水 10 卷，济水 5 卷，运河水 70 卷，黄运两河总说 8 卷，官司、夫役等 12 卷，约 120 万字。全书博采古籍，所收资料上起《禹贡》，下迄康熙六十年（1721），征引文献资料 370 多种，每条均注明出处。体例以河流分类，按朝代年份编排。这种编修体例是个创举，对后世影响很大。

年羹尧死

雍正三年（1725）十二月十一日，年羹尧被赐自裁。

年羹尧，字亮工，汉军镶黄旗人，康熙三十九年（1700）进士，后提为四川巡抚。以平西藏之功升川陕总督，曾倍受康熙帝赏识。在雍正帝登基过程，起了十分重要的作用，被雍正帝视为新政权的核心人物。雍正元年（1723）二月，授二等阿达哈哈番世职。三月，加太保衔，晋爵三等公，并全权处理西北事务。十月，因平罗卜藏丹津叛乱，被授予抚远大将军，又晋为二等公。次年平叛后，晋爵一等公。对于维护新政权，打击允禩集团等，年羹尧亦起了决定性作用。然而，他居功自傲，恃宠骄纵，不守臣道，又接受

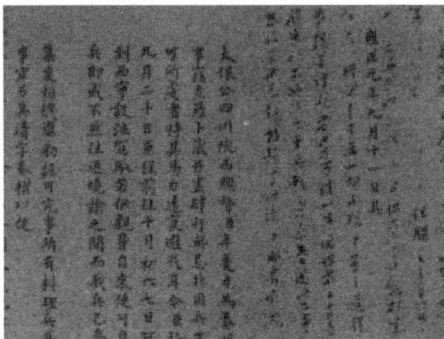

年羹尧奏折

贿赂，结党营私，妒贤嫉能，侵吞军饷，雍正帝对其骄恣之举早有不满。雍正帝曾暗示有关大臣保持警觉并曾公开指责年羹尧。山西巡抚伊都立、都统范时捷、川陕总督岳钟琪、河南巡抚田文镜等相继参奏年羹尧。四月，雍正帝命其交出抚远大将军印。六月，革去太保衔，严惩年氏子弟及同党。七月，降至三等公，革去杭州将军职。八月，再降至阿达哈哈番。九月，革去所有职衔。十月，派人捉拿并解至京师。十二月十一日，议政大臣议定年羹尧罪状共92款，上奏雍正。雍正遂命年羹尧自裁，其父遐龄、兄希尧被夺官免罪，其子年富立斩，族中文武官员俱革职。

改土归流运动开展

改土归流是清统治者在西南地区实行的地方行政制度的改革，即废除土司，而代之以流官的统治。

云南、贵州、广西等少数民族聚居地区，自元、明以来多实行土司制度。土司制度发展到清代，已进入了它的没落时期。土司制度不仅阻碍了封建经济的发展，而且不利于国家的统一和巩固。随着清政权的确立和稳固，解决土司问题即提到了议事日程。雍正四年（1726）九月，云贵总督鄂尔泰正式提出改土归

彝族副长官司之印

进贡图。表现了清代官府收授少数民族贡品的情景。

大清盛世时期

流建议。雍正帝决定推行改土归流。

这次改土归流可以分为前后两个阶段。第一阶段是从雍正四年到九年（1731），主要靠武力征服，改流重点在云贵，大批土司在这期间被废除。分别在乌蒙、镇雄改设乌蒙府（后改称昭通府）和镇雄州（今镇雄县），在广西泗城改设永丰州，在贵州吉州江流域、小丹江流域和八寨设厅，设置同知管理民事。第二阶段是雍正九年以后，改流重点集中在四川、湖广、广西，并进行了大量的善后工作。此次改土归流规模极大，共废除土司约153个，改流之地所设流官121个，所涉及的地区共44个府（包括直隶厅州），所涉及的民族共计19个。

改土归流打击了土司割据势力，减少了叛乱因素，促进了国家的统一、边防的巩固，同时促进了西南地区封建经济的发展，以及文化教育事业的发展。

《音韵阐微》改革反切

康熙五十四年（1715）至雍正四年（1726），李光地、王兰生等奉圣命编纂成《音韵阐微》18卷。

该书最主要的特色，也是对于音韵学的最伟大贡献在于对反切的改革。编撰者取法于满文的"合意切法"（即拼音法），把"用法繁而取音难"的世传切韵书的反切，改良成"缓读则成二字，急读则为一音"的新切法。编纂者规定属于开音节、韵尾没有鼻音的微、鱼、虞、歌、麻等韵的字为上切字，以元音或半元音开头的清声影母字，浊声喻母字做下切字，中间没有余音干扰，容易拼切。为了能自然切得声调，编撰者又规定反切上、下字都取与被切字同调的。由于还考虑到清代平声的阴调、阳调分别从中古的清、浊声母中演变而来，编撰者便改变了中古反切下字不分清浊的做法，在切阴调字时用清声字作下切字，在切阳调字时用浊声字作下切字，使反切拼音法更加完善。

废隆科多

雍正五年（1727）夏，雍正帝下命逮捕隆科多。

隆科多，佟佳氏，满州镶黄旗人，孝懿仁皇后之弟（即雍正帝舅）。在雍正帝即位过程中，他起了重要作用，因而成为新政权的核心人物。雍正帝一登基就委以重任，并下令称其为"舅舅"。由于倍受宠幸，隆科多忘乎所以，专断揽权，甚至对雍正帝亦多有不恭。雍正对其作威福、揽权势的行为亦早有警惕和不满。雍正三年，因与年羹尧交结，被解职、削衔，发往阿兰善等处修城垦地。雍正五年闰三月，隆科多私藏"玉牒"（皇族家谱）底本一事被揭发，六月，被逮捕返京。十月五日，诸王大臣列隆科多罪状 41 款，请求立斩。雍正帝念其前功，免于正法，令将其永远圈禁于畅春园附近。雍正六年（1728）六月，隆科多死于禁所。

民间木雕发达

清中期以后，竹雕衰落，木雕吸收竹雕中圆雕、浮雕、透雕等多种技法，并广泛综合运用于建筑、家具、摆设、器皿等方面，开始进入兴盛时期。其中比较著名的有浙江东阳木雕、浙江黄杨木雕、福建树疤根雕、潮州金漆木雕等。

东阳木雕出自浙江有名的"木雕之乡"的东阳县。东阳木雕始于唐宋，主要雕刻佛像。明代木雕应用于建筑装饰，并形成自己的风格。清代东阳木雕开始用于家具装饰；清中叶以后得大量出口海外，对西方以及南洋的木雕都有一定影响。东阳木雕多以浮雕为主，雕刻精细，且构图采用鸟瞰透视，层次清晰，主次分明，画面饱满；装饰性强。品种有欣赏品与实用品两大类，欣赏品多为屏风与壁挂，实用品多为家具装饰。内容以人物故事为主，戏剧

性很强。

　　黄杨木雕主要产于浙江温州一带，始于清末。以采用质地坚韧、纹理细密的黄杨木而得名，其制品多以圆雕雕刻，内容多为人物。因黄杨木色黄温润，犹如象牙，年久色愈深，黄杨木雕更显得古朴美观。后出口海外，影响到东南沿海及南洋木雕。

　　福建树疤根雕，始于明末清初，以利用天然树疤树根雕刻而得名。自然生长的树疤树根形态诡异，雕刻艺人根据其具体形态构思，因材施艺，略加斧凿，即可化腐朽为神奇，达到"似与不似"的效果。其造型古拙质朴，耐人寻味。

　　潮州金漆木雕始于唐宋，兴盛于明清。多用樟木透雕，后经磨光、上漆、贴金而成。主要用于建筑装饰及挂屏等欣赏品，也用于家具及其他实用品装饰。内容以人物故事为主，也有花鸟水族，祥瑞图案。构图饱满匀称，繁而不乱。整个制品玲珑剔透，金碧辉煌，很有地方特色，影响到福建、广东的金漆木雕。

　　清朝民间木雕发达，技艺高超，技法多样，品种与造型也是千姿百态，可谓是中国木雕的黄金时代。

竹雕提梁卣

楠木矮靠背扶手椅

清代河南开封陕西会馆上雕刻异常精美
的斗栱

紫檀四开光番草纹坐墩

大清盛世时期

黄杨三螭海棠式盒

黄杨仕女

《恰克图条约》签订

雍正六年（1728）五月十八日，中俄双方代表在恰克图正式签订了《恰克图条约》。

《尼布楚条约》签定后，俄国继续推行侵略政策，蚕食中国领土，制造叛乱事件。清政府为制止俄国侵略，于雍正四年（1726）冬与俄举行会谈。次年七月，签订《布连斯奇条约》，划定中俄在喀尔喀蒙古地区疆界。《恰克图条约》是确认此前各项条约的总条约，共 11 款，主要内容是：①以恰克图和鄂尔怀图山之间的鄂博作为两国边界起点，东至额尔古纳河，西至沙毕纳依岭，以南归中国，以北归俄国；②重申乌第河及该处其他河流既不能议，仍保留原状，双方均不得占据这一地区；③俄商每 3 年可以来北京一次，人数不得超过 200 名，此外可以在尼布楚、恰克图通商。此条约同时规定中国协助在北京俄罗斯馆内建造东正教堂；接受俄国留学生来北京学习；以后双方不得收容对方逃犯，并严行查拿，送交对方守边人员。《恰克图条约》的签订，使俄国夺取了中国喀尔喀蒙古地区的大片领土，使俄国人在贸易、宗教方面得到优惠待遇，清政府在签订这一条约中付出了相当大的代价。

雍正推广官话

雍正帝即位以后，经过几年的观察，有感于一些地方官员因不能讲官话影响治理地方，于雍正六年（1728）八月六日，下谕推广官话。谕示中说：官员有临民之责，其语言必须让百姓共晓，才能通达上下之情，进而把政务办好。因命福建、广东督抚转饬所属各府、州、县有司及教官遍为传示，多方教导，务期语言明白。此外，雍正帝还要求两省有能力之家，延请官音读书之师教其子弟，然后转相授受，并且作出规定，以8年为限，凡童生不能如期学会官话，则不许参加科举考试，直到学会官话为止。

岳钟琪进军青藏

雍正七年（1729），因准噶尔部首领噶尔丹策零屡次骚扰喀尔喀等西部边陲，而且藏匿青海叛军头目罗卜藏丹津，清政府决定出兵讨伐，以安定青藏地区。于是年三月，任命侍卫内大臣傅尔丹为靖边大将军，屯阿尔泰，出师北路；川陕总督岳钟琪为宁远大将军，屯巴里坤，出师西路，两面夹击，讨伐准噶尔汗噶尔丹策零。噶尔丹策零闻讯，施缓兵计，于雍正八年（1730）五月，遣使入京，声称本欲将罗卜藏丹津解送朝廷，因闻清兵出动，暂行中止。如能既往不咎，愿听命清廷，解送逃犯。雍正帝因此决定暂缓一年进兵，命岳钟琪、傅尔丹回京面授机宜，两路军务由提督纪成斌代理。纪成斌在科舍图设10数万驼马牲畜之牧场，距大营远，又不设防备，终日置酒挟娟。十二月，噶尔丹策零派2万骑突劫科舍图牲畜，掠走驼、马十几万头。总兵樊廷等领兵2000，转战7昼夜，救出了两处被围的士兵。后又命总兵官张元佑杀退准噶尔军，夺回大部分驼、马。雍正帝得知战况后，传令北路军小心防范，并诏奖樊廷等人，将纪成斌降为副将。同时令岳钟琪、傅尔丹速赴军营，准备讨伐噶尔丹策零。

科舍图之战，使准噶尔部贵族与清政府的关系又一次破裂，终于导致了大规模的武装冲突。

年希尧著《视学》

年希尧（？～1738），字允恭。著有《测算刀佳》3卷、《画体比例便览》1卷和《礼学》2卷等数学论著。其中《视学》是结合中西方数学成就而著的，论述了画法几何学的一些内容，是我国数学史上一部重要的著作。

年希尧早年对工程图有兴趣，后来他从传教士郎世宁处了解到透视画法，并吸取了不少西方数学的成就，加上其本身掌握的数学原理，于1729年出版了《视学》书。《视学》研究的是绘制透视图的问题，并讲述了其原理和方法，从初版到修订和扩充，历时6年（1729～1735）。

在《视学》里，年希尧用量点法、双量点法、截矩法、仰望法等方法绘制了大量精美的透视图。梅文鼎曾用透视的方法将球面三角学的问题转化为平面问题加以研究，这种对画法几何学原理和方法的使用对年希尧有很大影响，因此他在《视学》中介绍了正投影原理作图，即把物体平行光线投影到平面上的作图法，论述了二视图和三视图，这是画法几何学的要点。

《视学》是对中国古代工程制图方法的一次全面总结，是我国第一部系统的图学专著。它比西方蒙日于1795年完成的第一部画法几何学著作早70年。

曾静投书案发作·文字狱愈演愈烈

曾静，湖南永兴人，科试不第，读吕留良遗著，受其影响，极主反清复明。雍正六年（1728）九月，曾静派门生张熙投书川陕总督岳钟琪，说岳钟琪是岳飞后裔，理当举兵反清。信中还列举了雍正帝弑父篡位，杀兄屠弟的罪行。岳钟琪拘审张熙，诱使张熙供出曾静。岳钟琪立即上报皇上。雍正帝随即派刑部侍郎杭奕禄、副都统觉罗海兰到湖南，会同湖南巡抚王国栋审理曾静一案。后曾静供出受吕留良的影响，于是，又派官抄吕留良之家。雍正令将人犯统统押往北京审讯，并决心对污蔑他的谣言追根问底。最后得出结论，所谓雍正帝改诏篡位，毒死康熙帝，逼死皇太后，以及杀兄屠弟等言论均系允禩等人的太监散布的。这样，雍正帝根据审讯情况不断发出上谕批驳吕留良的观点以及允禩集团的诽谤，以清洗自己的不白之冤。

曾静因写了《归江录》，悔罪态度较好，故雍正七年（1729）十月六日宣布免罪释放曾静、张熙二人。而十月十二日，吕留良及其子吕葆中、严鸿逵则被戮尸枭示，子孙都被发遣至宁古塔给披甲人为奴，吕家财产被没收。

此后，文字狱愈演愈烈。雍正七年（1729）五月，振武将军顺承郡王锡保参奏陆生楠书写《通鉴论》笔记17篇，陆生楠被斩于军前，《通鉴论》被烧毁。锡保还同时参劾谢济世在军营撰《古本大学注》，毁谤程、朱。雍正帝指责其有意诽谤自己，遂令九卿等议罪，后又决定免其一死，留军前效力。该年十一月，浏阳县朱姓家族因所藏《朱姓家规》一书端首"称谓"条内有"侏偶左衽，可变华夏"二语，被指控为曾静同党。雍正八年（1730）十月，署理广东巡抚傅泰看到记录曾静、吕留良一案的《大义觉迷录》中，提到有一《屈温山集》亦属反清著作。而广东著名学者屈大均号"翁山"，傅泰认为"温山"、"翁山"音同，必为一人。其时屈大均已死30多年，仍被戮尸枭示，诗文集全部毁禁。

孔庙体系完成

　　曲阜孔庙是孔子门徒在孔子生前居住的三间宅屋原址上建筑的。孔庙最早形成于公元前478年，即孔子死后的第二年。西汉以来，由于历代皇帝不断给孔子加封追谥，孔庙的规模也随之不断扩大。明清又几次重建，现存建筑除少数次要者为金、元所建外，大多数是明清的规划和清雍正时的遗物。

　　孔庙庙址纵长，南北长达600余米，占地21.8公顷。东北邻有衍圣公府，是历代"衍圣公"（孔门长房后裔）的衙门和府第。由南而北，孔庙分为九进。有三殿、一阁、一坛、三祠、两庑、两堂、十三亭、五十四门坊、碑碣2000余通。布局左右对称，气势雄伟，是中国现存的宝贵古建筑之一。孔庙的主体建筑是大成殿，高32米，重檐九脊，金碧辉煌，为中国古代三大殿之首。大殿前十根深浮雕二龙戏珠盘龙石柱是罕见的建筑艺术珍品。大成殿内供孔

曲阜孔庙大成殿

子，殿后寝殿供孔妻，左右廊庑列孔门弟子及历代贤哲牌位，共 156 人。另外、奎文阁、杏坛、圣迹殿、碑亭等处都有极高的艺术价值。庙东南侧有高 5 米的汉白玉孔子雕像。孔庙及附近的孔府、孔林合称"三孔"，均系国家重点文物保护单位。孔府是中国封建社会典型的官衙与内室相结合的建筑，保存数万件文物与档案。孔林是孔子及其家族的专用墓地，占地 200 余公顷，古木参天，碑碣林立。

　　曲阜孔庙和北京官式建筑形象一致，总观形制，颇似宫殿的缩小，又像私家宅第的放大。是中国历代帝王祭祀拜谒孔圣的地方，也是中国古代建设的典型代表。

大成殿蟠龙石柱

清朝

1731 ~ 1740A.D.

大清盛世时期

1731A.D. 清雍正九年

四月，噶尔丹策零兵围吐鲁番等城。是岁，以用兵西北，于内廷设军机房，后遂发展为军机处。

1735A.D. 清雍正十三年

八月，世宗死，皇四子宝亲王弘历嗣，是为高宗纯皇帝。

1737A.D. 清乾隆二年

八月，筑浙江海塘。修浚运河。闰九月，命四川革除纳税之"余平"。

1738A.D. 清乾隆三年

十一月，立算学。

1740A.D. 清乾隆五年

十一月，重修大清律例成。修大清一统志成。

1731A.D.

日耳曼与英国缔维也纳条约。皇帝允撤消奥斯吞德公司特许状，英国则保证"特诏"之实现。

1733A.D.

"波兰承继战争"开始。法国、西班牙与隆地尼亚企图乘机将奥地利势力自意大利逐出，组成同盟。

伏尔泰之《哲学通信》出版。

兰开夏人约翰·开伊发明"飞梭"，英国"产业革命"开始。

1735A.D.

日本樱町天皇践祚（——五代），11月即位。

越南一大越纯宗死，弟维振立，是为懿宗。

10月5日，签订维也纳和约，波兰承继战争告终。

1736A.D.

俄土失和，战事再起。俄军重占亚速夫海，进兵克里米亚半岛。

俄罗斯与奥地利缔结同盟，共同向土耳其宣战。数学家拉格朗日出生。

1738A.D.

神圣罗马帝国皇帝与法国订立维也纳正式和约。

1739A.D.

波斯王那迪尔侵入印度，自是喀布尔不复为印度帝室所有。

9月，土、奥缔结贝尔格勒德和约。

休谟发表《人性论》。

1740A.D.

"奥地利承继之战"始。

军机处设立

雍正十年（1732），军机房改为军机处，完全取代了议政王大臣会议，成为清廷最高决策机构，皇权统治进一步加强。

清初，清廷中央政府机构多仿明朝建制，又有自己的特点。既设立吏、户、礼、兵、刑、工六部与内阁作为中央主要行政机构，同时又设置"议政王大臣会议"，居于内阁之上，作为最高的中枢决策机构，互相牵制。

议政王大臣会议是维护满族贵族特权地位的机构，也称国议。其成员由满族贵族诸王及总理旗务大臣组成。后来历任皇帝为提高皇权，不断对王公旗主势力加以削弱，再加上后来议政王大臣"半皆贵胄世爵，不谙世务"，议政制度慢慢衰落下来。康熙十六年（1677）设立南书房（亦称南斋），并任命亲信大臣撰拟谕旨，执行皇帝下达的各种命令，权势甚重。议政王大臣会议的权力受到削弱。

清军机处外景

雍正即位后，对诸王的权势作了进一步的限制。首先他收回诸王的军权，接着在雍正七年（1729）设立军机房，命怡亲王允祥、大学士蒋廷锡、张廷玉等密办军需事宜，赞襄军务。后来在雍正十年（1732）正式改称为军机处，秉承皇帝谕旨办理各种机要事务，取代议政王大臣会议，成为处理军国大事的常设核心机构。

参加军机处的军机大臣，由皇帝

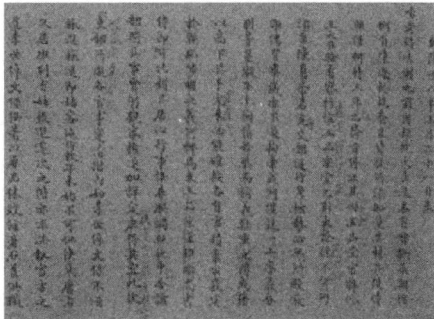
汉文廷寄

在满、汉大学士及各部尚书、侍郎中选定召入。其名称有军机大臣、军机大臣上行走、军机处行走、军机大臣上学习行走、军机处学习行走等，为首者称为"领班"，也称"首枢"。军机大臣之下尚有军机章京。一般尊称军机处为枢密，称军机大臣为枢臣，军机章京为枢曹。

军机处的设立，标志着清代皇权进一步的提高，封建专制已达到了登峰造极的地步。

清廷大败噶尔丹

科舍图之战，使准噶尔部贵族与清政府的关系又一次破裂，终于导致了大规模的武装冲突。雍正帝得知战况，令傅尔丹等速赴军营，准备讨伐噶尔丹策零。雍正九年（1731）四月，傅尔丹率部进驻科布多。七月，傅尔丹中准噶尔军诱兵之计，不听各方劝阻，冒昧趋进。先锋部队4000多人在博克托岭山谷被早已埋伏好的2万准噶尔军团团包围，溃不成军，移营和通泊，傅尔丹又派6000清兵增援，也被击溃。准噶尔军一路追杀，乘势掩击。待傅尔丹逃回科布多，仅存2000人。事后，傅尔丹被降职。雍正九年（1731）七月，清廷授顺承郡王锡保为靖边大将军。噶尔丹策零因在和通泊战役中获胜，滋长了骄傲情绪。噶尔丹策零留兵4000，作为后援，而令大小策零敦多布率兵

图为内蒙古乌兰布通古战场——清军与准噶尔部之间最大规模的一次战役就发生在这里。

甘肃边境公婆泉附近的红柳沟，曾是汉蒙通商互市的重要通道。

26000 进窥科布多。九月二十日，靖边大将军锡保命喀尔喀亲王丹津多尔济及额驸策零率兵截击。二十一日，丹津多尔济和额驸策零遣台吉巴海率轻骑 600 夜袭大策零敦多布营垒，诱敌深入。结果，大策零敦多布被诱至鄂登楚勒大营。

　　双方战斗异常激烈，准噶尔军伤亡惨重。噶尔丹策零率军自哈卜塔克、拜塔克一路逃遁。此后，准噶尔军屡次受挫。但噶尔丹策零仍不甘心，总想侵占喀尔喀，扩大势力。雍正十年（1732）六月，他派小策零敦多布率兵 3 万抢劫喀尔喀游牧地。噶尔丹策零得知额驸策零不在游牧地，遂派兵潜袭塔密尔河的额驸策零牧地，攻破其寨，掳其妻子儿女，并抢夺牛羊数万。额驸策零闻讯，怒不可遏，他一面派人送信给靖边大将军锡保，请清军夹攻，一面断发、誓天，自率蒙古兵 2 万驰救。他利用夜间行军，且绕出山后，待黎明时，自山上直冲而下，杀声震天，准军梦中惊醒，仓促起身，人不及甲，马不及鞍，尽弃军资，夺路而逃。额驸策零紧追不舍，转战十余次，追至额尔德尼昭。汉籍文献称"光显寺"。额驸策零先派人据山扼险，又命满军背水而阵，亲率劲旅万人伏于山侧。待准军败退至此，伏兵四起。此役击杀准噶尔军队万余名，尸满山谷，河水尽赤。光显寺之战，使准噶尔部受了极其惨重的损失。由于形势所逼，噶尔丹策零于雍正十一年（1733）底向清政府求和。次年，清政府派使者赴准噶尔，希望其部与喀尔喀划清游牧界，永息兵戎。经多次谈判，于乾隆四年（1739），清廷始同噶尔丹策零定议，以阿尔泰山为界，准噶尔部在阿尔泰山以西游牧，喀尔喀部在阿尔泰山以东游牧。

清政府与准噶尔部割据势力之间的矛盾，暂时得到缓和，以后维护了20年的和平局面。

颁发《朱批谕旨》

雍正十一年（1733），《朱批谕旨》刊刻成书，颁发给臣下。

朱批谕旨是雍正帝对臣下的奏折用朱笔（红笔）所作的批示。或写于折中，或写于折尾。雍正帝自登基日起，每日批览奏折，每折或数十言，或数百言。这些批语，正如他本人所言："皆出朕之心思，无一件假手于人，亦无一人赞襄于侧"。由于雍正帝实行密折制，因而奏折只给皇帝一个人阅读，而朱批也只让原奏人知晓。为了使臣民都能了解朱批之精神，以正人心风俗。故决定编辑《朱批谕旨》。雍正十年（1732）书成。三月一日发上谕，阐明编辑之宗旨。十一年刊刻成书。雍正帝强调，《朱批谕旨》目的是"俾天下臣民展读，咸知朕图治之念，诲人之诚，庶几将此不敢暇逸之心，仰报我皇考于万一耳"。

达赖喇嘛回藏

雍正十二年（1734）七月，果亲王允礼前往泰宁准备达赖喇嘛回藏事宜。藏传佛教，俗称喇嘛教，其中的格鲁派亦称黄教。顺治、康熙、雍正三朝对黄教均持尊宠态度。雍正十一年（1733）十二月，达赖喇嘛呈报理藩院西藏黄教发展的状况是：全藏黄教寺庙共3477处，喇嘛316230人。七世达赖父索诺木达尔扎于雍正五年（1727）参与杀害康济鼐事件。次年十二月，清政府认为索诺木达尔扎参与行动已使达赖受到牵连，为加强对达赖喇嘛的保护，使其免受准噶尔部噶尔丹策零的袭扰，从而保证清政府对蒙藏地区的统治，决定将七世达赖牵往里塘，后又移往泰宁。6年后，雍正帝决定送达赖回藏。雍正帝命果亲王允礼和章嘉胡图克图前往泰宁安排七世达赖返藏。次年四月，清政府派副都统福寿等率官兵500名，护送达赖返藏，七月二十四日到达布达拉宫坐床。

密宗修法时，为防止"魔众"侵入，在修法处画一圆圈或建土城，称为"曼陀罗"，即"坛场""坛城"，意为道场。这是清朝时达赖喇嘛送给皇帝的坛城。

雍正帝去世·乾隆帝继位

雍正十三年（1735）八月二十三日子时，雍正帝在圆明园突然病故。

本月二十日，雍正帝还召见军机大臣，二十一日，患病。二十二日夜，病情加剧，遗诏宝亲王弘历嗣位，庄亲王允禄、果亲王允礼、大学士鄂尔泰、张廷玉四人辅政。二十三日去世，终年58岁。后谥宪皇帝，庙号世宗。雍正帝暴卒，原因不清，他自患病到辞世只有两天时间，甚至在患病前的一天还在处理公务。一说因病而亡，中风而死；一说剑客所刺，割去首级；一说丹药中毒而致命。九月份，安放雍和宫。乾隆二年（1737）三月，葬于易州泰陵地宫。

雍正帝在位期间，屡兴文字狱，改变康熙时笼络汉族士人的政策；在西南少数民族地区推行"改土归流"。胤禛死后，内侍取出雍正元年（1723）所封诏书，等允禄、允礼、鄂尔泰、张廷玉各人到齐时始启封。弘历于是靠秘密立储和传位遗诏顺利

乾隆大阅时穿用的盔甲

023

即位。弘历为胤禛第四子，康熙五十年（1711）生于雍亲王府邸，雍正十一年封为和硕宝亲王。本年九月三日，弘历御太和殿，祗告天地、宗庙、社稷，布告天下，以明年为乾隆元年。弘历继位后行宽猛互济之道。乾隆元年二月，谕示"治道贵乎得中，矫枉不可过正，宽非纵驰之谓，严非刻薄之谓；纵驰有妨于国事，刻薄有害于民生。"弘历此后大量更改了雍正时的政策，意在纠时弊、补缺失、博宽仁之名。

博山玻璃工艺进入清廷

自元代以来，颜神镇一直是我国北方最大的玻璃生产中心。那里生产马牙石、紫石、凌子石、硝及丹铅、铜、铁等多种矿石，具备玻璃生产的天然条件。玻璃生产工艺继承前代传统，稍有发展，产品有青帘、罐、盒、果山、棋子、华灯、风铃、念珠、壶顶、簪、珥珰、葫芦、佛眼等，其中青帘尤为可贵，主要供清宫廷使用。康熙三十五年（1696），清政府在内廷设立玻璃厂，专门为皇室制造各种玻璃器皿。

雍正十二年（1734），在颜神镇设博山县。后来内务府玻璃厂开始招用博山玻璃工匠，博山玻璃工艺开始进入宫廷。乾隆时期，玻璃厂中的博山工匠仍占多数。清代造办处玻璃厂生产的器物多种多样，主要有炉、瓶、壶、钵、杯、碗、尊及烟壶等，颜色丰富多彩，有涅白、黄、蓝、青、紫、红等三十多种，装饰方式也有许多种，如金星料、搅胎、套料、珐琅彩等，其中"套料"装饰艺术是清代的创新，它是在白玻璃胎上粘贴各种彩色玻璃的图案坯料，然后经碾琢而成，其风格精致华美。光绪三十年（1904）清政府派遣山东督办胡廷干等在博山县东北设立玻璃公司，

蓝透明玻璃瓶

磨花玻璃杯

并聘请 7 名德国技师，引进欧洲平板玻璃的配方与技术进行现代的玻璃生产，清代宫廷玻璃生产再度回升。

清重习射

清代是"以孤矢定天下"，所以非常重视骑射。当时"羽林虎贲之士，退直之暇，尝校射教场中，即明内操地也"。八旗军以骑射为本务，"其射也，弓用八力（十斤为一力），箭长三尺，镞长五寸，名透甲锥，所中必洞，或连贯二人而有余力"。（《清稗类钞》第 6 册）当时军队定期习射："镶黄旗，正黄旗，正白旗每月分期习骑射二次，习步射四次。"（《清史稿》卷 139《兵志十》）

清代不但军队重视习射，皇室也注重习射。宫廷之中有专教皇子弓箭骑射之事的人，他们是由各旗营参、佐领选派的。"上书房阶下为习射之所，帝于政暇，辄呼皇子、王子习射，诸师傅善射者亦与焉，辄赐帛或翎枝以为常课。"（《清稗类钞》第 2 册）康熙、乾隆诸帝均善射。据说，康熙"力能挽强，每用十二把长箭，围中射鹿，率贯腑洞胸"。（《清稗类钞》第 6 册）

弘历射虎图

清代的"士夫家居，亦以习射为娱，家中有射圃，良朋三五，约期为会。其射之法不一，曰射鹄子，高悬栖皮，送以响箭，鹄之层亦不一名，最小者名羊眼，然工者仍不事此，或一箭诸圈，皆开而不落，如花篮式，此为至难。曰射月子，满语名艾杭，即画布为正也。曰射绸，是方寸之绸于空而射之，此亦难。又有于暮色悬香火于空而射之，则更难。然皆巧也，非力也。"（《清稗类钞》第6册）清代端午节还有射柳的习俗。

清代武科始终将弓箭作为主要考试项目。考试分外内三墙，"头场试弓箭，树的内用芦苇裹芦席，外包红布以锦之，高约五尺，圆径如筒形，为一人合抱之度。在马道旁设的三，每的各距三十五步，纵马三次发九矢，中的二者为合式；其间亦有改中四中，三者为合式；二墙试步箭，树木侯高七尺宽五尺，初以八十步则，嗣改五十步，发九矢中布侯三者为合式；其间亦有改中二中四者为合式。"（商衍鎏：《清代科举考试述录》）

马术图。图中绘八旗将士为远方来客表现马上技艺的情形。

一箭双鹿图。图中绘乾隆帝狩猎时策马射鹿景象。

　　另外，清代习射的重要手段之一是校猎活动，尤以"木兰行为讲武"为著，《养吉斋丛录》卷 16 对此有较详细记载。

花雅二部相争

　　清初，地方戏曲蓬勃发展，对原先处于正统地位的昆曲造成了很大的威胁，但由于昆曲是当时的"御用"声腔，因此清政府想方设法甚至不惜动用行政手段来打击地方戏曲，扶持昆曲，当时的封建士大夫把昆曲称作"雅部"，把地方戏曲称作"花部"就是一个很典型的例子，从而造成了一场持续百年之久的"花雅之争"。

　　总的说来，"花雅之争"共出现过三次较大的交锋。第一次交锋出现在乾隆初年，由弋阳腔演变而来的京腔与昆曲产生抗衡，京腔"六大名班，六九轮转，称极盛焉"，相对昆曲处于绝对的优势地位。但由于弋阳腔产生于明末，与昆曲在演出形式上比较接近，因此很快便被清政府收买，也成为"御用"腔调，从而京腔与昆曲的对抗就此消失。第二次交锋出现在乾隆四十四年（1779），四川籍的秦腔演员魏长生进京，演出《滚楼》一剧，立即轰动京城。秦腔的演出风格风靡，不仅使昆曲败阵，就是新科"御曲"京腔也无法与之抗衡。为扼杀秦腔的这股势头，清政府迫使秦腔停演，令秦腔演员改演京、昆腔，否则就被"递解回籍"。魏长生被迫南下扬州、苏州，继续演出秦腔。第三次交锋出现在乾隆五十五年（1790），为给乾隆祝寿，浙江盐务官送戏班进京。高朗亭借机率三庆徽班进京，从此打开了徽班进京的通路。三庆徽班是以演唱徽调二簧的安庆花部为主，结合京腔、秦腔而成的，由于对其他腔调剧种兼收并蓄，集其所长，因而很快便在北京盛行起来，不但受到平民百姓的欢迎，还获得了封建士大夫的首肯，对"御曲"京、昆腔产生了极大的威胁，为此，清政府于嘉庆三年（1798）再次发令，"严行禁止"徽调的演出，"除昆、弋两腔仍照旧准其演唱，其余乱弹、梆、弦索、秦腔等戏，概不准再行唱演"。但禁归禁、演归演，徽调已在人民群众中深深扎根，并日益蓬勃。嘉庆道光年间，北京出现"四大徽班"争胜的局面，并吸收京、昆、梆子等腔的长处，使二簧、两皮逐步"北京化"，最终形成京剧，影响至今，数百年不衰。

清宫丝织集古代工艺大成

　　清代丝织工艺在明代的传统基础上，得到了极大的发展，并形成了不同的地方体系。而清宫廷丝织工艺不但继承了古代丝织工艺，而且还汇集了全国各地的丝织工艺精华，丝织花色品种多，织造技术完善成熟。其主要成就表现在织锦、刺绣和缂丝三种产品上。

缂丝团龙，清官用炕单局部。

缂丝耕织图（局部）

清代宫廷织锦机构主要设立在四个地方，一是在北京，设有内织染局。二是在江宁（南京）、苏州、杭州，设有织造局。其中内织染局与江宁造织局专门生产"上用"缎匹，苏、杭织造局生产赏赐缎匹。这些地方的官方丝织工场规模宠大，分工细，产品品种花色多，一般是"根据用途不同而各有定式"。江宁主要生产云锦，苏州杭州主要生产宋锦。以苏州织造的宋锦为例，其品种包括袍、挂、披肩、领袖、驾衣、伞盖、飘带、佛幔、经盖、被褥、补子、战甲等，其中每种产品都有多种不同的装饰花纹，仅"补子"而言，就有20多种，如仙鹤、锦鸡、孔雀、云雁等等。

宫廷丝织技术达到顶峰。雍正时期织锦多吸取传统工笔重彩勾线退晕方法，使其色彩富于深浅变化，达到自然丰富，优美和谐的效果，与同时陶瓷制造中的粉彩有异曲同工之妙。到乾隆时，罗科科纹样的大量引进，被应用于染织工艺中，使织锦工艺开始重视明暗渲染，而不重勾线，风格上又有了新的变化。清代宫廷刺绣也是来自上述四个织造局，其中北京内织染局和苏州织造局为最主要生产工场，图样是由如意馆宫廷画师所绘，大多规整严谨，装饰性强。产品种类丰富，皇室服饰、官僚朝服、乘舆仪仗、室内装饰、床上用品等都有种类不同的刺绣装饰品。其风格特点是豪华富丽，精致工巧，

缂丝鹭立芦汀图轴

斗鸡纹广缎

彩织极乐世界图轴

缂丝凤凰牡丹挂屏

所绘图案大多寓意吉祥如意，甚至还采用孔雀尾羽和金银珠宝来装饰。

缂丝主要产自苏州。清代苏州织造局负责织造或采办缂丝，以供宫廷需要。清代宫廷缂丝技术提高，幅面增大，应用更广，如服装帐幔、坐垫椅披、封面装裱、名人字画、仙佛神像等，都采用缂丝作品。

清代宫廷丝织工艺的高度发展，体现我国丝织技术的最高成就。清末宫廷丝织业逐渐衰落，民间丝织工艺吸收宫廷丝织技术成就开始兴起。

直隶试行区田法

乾隆二年（1737）四月，朝廷于直隶试行区田法。雍正四年（1726），直隶巡抚李维钧在保定城内曾试行区田法。

区田法始于商代伊尹。据王桢《农书》推车记胜元区田法，以每田1亩广15步，每步5尺，计75尺；每行占地1尺5寸，计分50行；其长16步，每步5尺，计80尺；每行占地1尺5寸，计分53行。长广相乘得2650区，空1行，种1行，隔1区，种1区。留空以便浇灌，且可通风。除隔空外，可种662区。区隔1尺，用熟粪2升，与区土混和，布种匀覆，以手按实，使土与种相着。苗出时每1寸留1株，每行10株，每区10行，留百株。原任营田观察使陈时夏曾向乾隆帝进呈《区田书》，疏称：《农政全书》内，有营治区田法，于区田四面，凿井浇灌，以防干旱，对北方各省更为有益。古时每亩可收66石，合今斗20石，少亦可得十三四石。乾隆二年（1737），乾隆帝命在直隶地方，选用贤官，暂租民地，试行区田法，官种官收，借给工本，秋收后还本。

《耕织图》中的秋收场面

官修《明史》成书

　　清代官修记述明代历史的纪传体史书《明史》，始纂于顺治二年（1645），乾隆四年（1739）最终由保和殿大学士张廷玉等撰成，历时95年，是中国历史上纂修时间最长的一部官修史书。

　　清朝统治者入关第二年（1645）就设立明史馆，着手编撰《明史》，但只议定修撰体例，没有进行实际的撰述工作。康熙十八年（1679），明史馆才开始修史工作，大学士徐元文任总裁，徐元文力荐精通明史的万斯同参与修史。万斯同以布衣参史事，所有官修史稿均由其裁定。其后张玉书、王鸿绪相继任编撰总裁，但仍由万斯同主其事，万斯同去世前纂成《明史稿》500卷，后王鸿绪据此删润，编次310卷，题为自撰，于康熙五十三年（1714）、雍正元年（1723）进呈。雍正二年诏命张廷玉为总裁对王鸿绪《明史稿》再次订正，到雍正十三年（1735）定稿，是为《明史》。乾隆四年（1739）付武英殿镂版，正式刊行，题为张廷玉等撰。

　　《明史》332卷，包括本纪24卷、志75卷、表13卷、列传220卷，另有目录4卷，该书取材于《明实录》、《大明会典》、档册、邸报及文集、奏议、稗史、方志、传记等，该书体例严谨，叙事清晰，编排得当，文字简明，具有较高的史料价值。

　　《明史》在体例上最突出的是根据时代特点，增加了《阉党传》、《土司传》、《流贼传》和《七卿表》等，突出记述了明代的主要社会问题，为了解明朝宦官、明末农民起义、民族关系等提供了比较集中、系统的材料。此外，其《历志》、《艺文志》等均较过去有特色。

　　但《明史》也有不少缺陷，记事亦过于简略。尤其对建州女真和南明史事多有缺漏，且多失实。

乾隆年间官修的《续通典》

《大清律》编成

乾隆五年（1740），清政府以《大明律》为蓝本，参照唐律和清修《大清律集解附例》（1648）、《大清律集解》（1727），编成《大清律》。

《大清律》分为名例律、吏律、户律、礼律、兵律、刑律、工律7篇30门，律文436条，律后附以奏准的条例1049条。《大清律》加重了对反叛大逆罪的处刑。凡谋反、谋大逆，共谋者不分首从，皆凌迟处死；并株连祖孙、父子、兄弟及同居之人，不分异姓及伯叔兄侄之子，不限籍之异同，不论笃疾废疾，男年16以上皆斩；男年15以下及母女妻妾姊妹及子之妻妾，给付功臣之家为奴，财产入官。即使子孙确不知情，男年11以上亦阉割，发往新疆给官兵为奴。谋反罪的范围也扩大了，如异姓歃血订盟结拜兄弟，均照谋叛未行罪，为首绞监候，为从减一等。聚从20人以上，为首绞决，为从发往烟瘴之地从军。其次，"例"的作用比过去加强了。清政府规定，律文一成不变，而例文可因时制宜，随时纂改，实际上凌驾于法律之上。这样，官吏任意援引，以行其私，演为弊政。以致例文条数历朝上升，乾隆二十六年（1761）为1456条，嘉庆六年（1801）增加到1603条，同治九年（1870）又增加至1892条。另外，雇工的法律地位也有所提高，反映了封建社会后期人身依附关系相对松弛的社会现实。

《大清律》是中国封建社会最后一部成文法律。

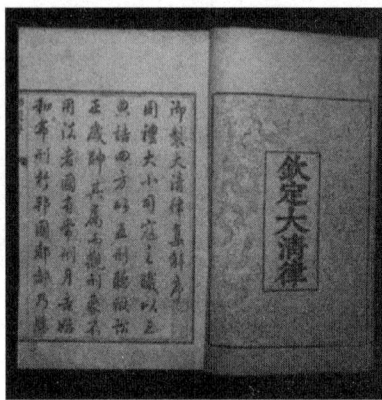

《大清律》（清雍正五年刻本）

中国书院极盛

雍正十一年（1733）以前的清代书院，大体还是私人办学为主。这一点，构成了元代及清代书院官学化进程之间的断层。这一时期书院的第二个显著特征，就是区域文化色彩浓厚。雍正十一年（1733）之前的清代书院，大体沿袭晚明书院讲学的习气，其分布也大体承袭晚明的格局，以江浙、关中、河南、河北一带最为鼎盛。江浙一带书院教育，多承姚江、蕺山、东林诸学余绪，而其影响范围又遍及全国。姚江后学传承于余姚沈国模创办的姚江书院。史孝咸、韩当、邵曾可、邵廷采、王朝式先后主持书院局面，敦守师说，又先后与刘宗周、李塨结为师友，广益其学，致使姚江书院在顺康二朝称盛一时。江浙一带的顾高后学，以无锡东林书院为其正宗。一遵顾高旧学宗旨，讲学论道，吸引学子，使得无锡东林、道南书院成为清初继承明代东林学派传统的中心。江浙一带教育以蕺山后学势力最大，影响最广。关中一代书院，以"三李"（李颙、李因笃、李柏）最负盛名。李颙先后执教于道南书院、延陵书院，后归陕创办关中书院。

河南、河北一带书院，大体为一脉所系，不失中州古学风范。在顺、康二朝，中州一带以孙奇逢百泉书院的夏峰之学最负盛名；而河南襄城李来章、冉觐祖先后主讲的嵩阳书院，一时称为极盛。百泉、嵩阳之外，窦克勤于河南柘城东郊创建的朱阳书院，也颇具规模。上述三大书院既在相互间存在着师承关系，又与江浙、关中等地学者有着密切的学术往来。河北一带的书院教育，往往自成一体，区域文化传统的影响较为淡薄。但是，以颜李学派为首的学者对书院教育给予特殊的重视，因而使河北一带的书院也在清初的书院教育领域占有特殊的地位。

除上述地区的书院之外，全国其他地方的书院也多具有鲜明的区域文化特色。诸如：江西信州（今上饶）的鹅湖书院（复建于1683年），山西洪洞范镐鼎于康熙十八年（1679）创建的希贤书院，广东潮阳的棉阳书院（建于雍正十一年）。

清代书院官学化的进程始于雍正十一年（1733）。在这一年中，雍正皇帝颁布上谕，正式命令各省省城设立书院。在朝廷的督谕下，京师设立了金台书院，各省省城书院陆续建成。直隶建莲池书院，山东建泺源书院，山西建晋阳书院，河南建大梁书院，江苏建钟山书院，江西建豫章书院，浙江建敷文书院，福建建鳌峰书院，湖北建江汉书院，湖南建岳麓书院和城南书院，陕西建关中书院，甘肃建兰山书院，四川建锦江书院，广东建端溪书院和粤秀书院，广西建秀峰书院和宣城书院，云南建五华书院，贵州建贵山书院，奉天建沈阳书院。在上述书院中，有的是新建的，有的是修复的，也有相当一部分是将原有的私人书院改造为官办书院。

由于清廷的谕准，各地兴起了创办书院的风气。除各省省城书院之外，府州县地方均先后涌现出一大批官办或民办的书院。清代书院数量从此大增，远逾前代。据不完全统计：清代新建、复兴、改造的书院，达1900余所，其中民办的仅有182所，不到10%。就各地书院增长的数额来说，以湖广、福建诸省增长幅度最大；就区域来说，以珠江流域增长幅度最大，其次分别为长江流域和黄河流域。

书院官办化之后就是学风的重大改变；乾嘉学派的学风入主各地书院，

书院教育重视实学，以汉魏学术为中心。在这种学风下，书院的功能也有所扩大，不仅仅限于一般的知识传授和诵读课程，还逐步具备了教学、研究与校勘、著述及印制图书等多种功能于一体。

清官学系统完备

尽管书院发展兴旺，但清代的官学，仍占据当时学校教育的主要地位。官学分为中央官学和地方官学两大系统，辅以严格的教学内容和完善的考试制度，达到空前完备的状态，并形成了形式多样、分布深广的特点。

中央官学分为三大类型，即国子监（太学）、宗人府内务府和为朝考后教习庶吉士的翰林院庶常馆。

国子监是清代最重要的官学机构，顺治元年（1644），清政府仿明初制，置祭酒、司业、监承、博士、助教等职，主掌教学。国子监肄业之所，分为率性、修道、诚心、正义、崇志、广业六堂，生源为各地方学校选送到国子监的贡生和监生组成，监生地位略低于贡生，贡生又分为岁贡、恩贡、拔贡、优贡、副贡、例贡，前五贡被视为科举之外的正途，有别于杂流。学生入监有一套严格的考试选拔制度。平时学生散居家中学习，只在堂期、季考、月课等时暂时齐集。学习期满，再经一年考核，方可获得入监资格。国子监除六堂二厅之外，还有算学、八旗官学、俄罗斯学、琉球学等名目。算学主要选八旗子弟入学修习算法；旗学主要选八旗子弟入学修习满书、汉书；俄罗斯学专为俄罗斯的陪臣子弟而设，由满汉教师教授汉语、满语及经史典籍。

国子监以外，清朝其他官学有隶属于内务府的景山官学、咸安宫官学、回缅官学，有隶属于宗人府的宗学、觉罗学，隶属理藩院的唐古忒学，隶属太医院的医生，隶属乐部的教坊司等等。内务府专收内府三旗作领、管领以下的幼童入学，而宗人府是宗室子弟学习的地方，只收觉罗宗室 8 至 18 岁的子弟，学习满书、汉书和骑射。

清代的地方官学同样沿袭明代旧例，府、州、县、卫依次均设有儒学、阴阳学、医学，武学一般附属于儒学，顺天府却特设武学，曲阜还特设女氏学，专对孔、颜、曾、孟四子后人施教。雍正十一年后，各地奉旨设置书

壁雍堂，是国子监的中心，清皇帝到国子监设座讲学之所。

院，成为地方官学的重要补充形式。地方官学的生源由童生经考试选拔而来。士子入学前称童生，初入学者称为附生，附生经过考试，优等者为廪膳生，供给膳食，次等者则为增广生。这些地方学校由各省督学道总管，府设教授，州设学正，县设教谕各一人，主持学务，并设训导一职协助教学。地方官学同样有坐学肄业和考勤制度，每月月试一次，以积分品评等次。生员或者被贡入国子监，或者通过乡试、会试，最终获得廷试资格。

　　清代官学不论中央还是地方，都是混取应试科举或挤入贡途资历的预备场所。由于官学生员的仕途出路颇为优广，因而吸引了历朝无数士子。

中国传统民居形制丰富

　　清代，各民族之间交往和融合逐渐加快，社会经济日益繁荣，在全国范围内逐渐形成了具有浓郁地方特色的民居建筑形制，基本可分七大类，即庭院式民居、干栏式民居、窑洞式民居、藏族民居、维吾尔族民居、毡房和帐房及其他民居。

　　庭院式民居是中国民居的主要形式，广泛应用于汉族、白族、满族、回族、纳西族地区，它是以三间一幢为基本单位，组成各式各样的生活院落。一般地又可分为三类：厅井式、组群式和合院式。厅井式民居主要流行于长江流

安徽黟县西递村民居

吉林朝鲜族民居

河南巩县下沉式窑洞民居

域及以南地区，特别是江浙、两湖和闽粤地区，代表性的民居有苏州民居，它是由数进院子组成的中轴对称式的狭长民居，在中轴线，门厅、轿厅、过厅、大厅、女厅依次排列，但没有厢房，前后房屋的联系取决于两侧山墙外附设的廊屋。厅井式民居的其他代表还有徽州民居、湘西民居、潮汕民居、粤中民居、川中民居、东阳民居等等。组群式民居多应用于广东潮汕地区及闽西、粤东、赣南等客家人居住地区。它将很大一批院落聚集在一起，构成雄浑庞大的院落聚集体，带有很古老的封建传统。代表性的有广东梅县一带客家人居住的"三堂两横加围屋"式，即中部是三进厅堂，两侧为纵向房屋，称为横屋，在横屋北端有一圈半圆形的围屋，形成一个全封闭的家族式住宅。福建永定、龙岩、南靖等地区的客家人的圆形或方形的大土地楼是组群式民居的另一代表作，如永定的承启楼。合院式民居则是庭院式民居中另一个典型的形制，是中国北方地区民居的通用形式，盛行于东北、华北和西北地区，各幢房屋之间是分离的，通过走廊进行联系，住房之间包围有很大的院落，供人们自由活动，各幢住房的外部均包以原墙，门窗则全部朝向内院，合院式民居中最典型的当属北京四合院。

干栏式民居主要应用于气候炎热、潮湿多雨的西南亚热带地区，包括广西、贵州、云南、海南及台湾地区。由于这种民居下部架空，因此具有防潮、通风、防兽的优点。干栏式民居的代表作有壮族民居、傣族民居、侗族民居等。壮族干栏又称"麻栏"，下部架空处围以栅栏以作畜圈或杂用，上部一般是五开间，中间是堂屋，为日常起居、家庭聚会之所在，堂屋正中有火塘，用以取暖，堂屋两侧则为卧房。

窑洞民居即在黄土地断崖地区横向挖掘洞穴以作居室，是一种很古老的居住方式，盛行于少雨的北方黄土地带。按构筑方式的不同，窑洞又可分为靠崖窑、平地窑和锢窑。靠崖窑即利用天然断崖挖出的券顶式横穴；平地窑即在平地上向下挖深坑，再在坑底横向挖出窑洞，流行于河南巩县、山西平陆一带；锢窑即在平地上按发券方式建造窑洞，再在券顶上敷土做成平顶房，流行于山西西部及陕西北部一带。

藏族民居又称碉房，多为三层建筑，底层杂用或用作畜圈，二层为居室，三层为佛堂。毡房又称蒙古包，它以木条做成轻骨架，再在外边覆以毛毡，广泛运用于内蒙古、新疆、甘肃、青

山西太谷县上观巷一号

山西祁县乔家堡乔宅二号院喜堂

江苏吴江县同里镇沿河民居

西藏穹洁县朗色林住宅

河南巩县窑洞民居门口

海的游牧民族地区。维吾尔族民居则是一种土墙、土平顶、居室分为冬室和夏室的民居形制，广泛应用于新疆喀什一带。除以上所介绍的六种民居外，清代流行的民居还包括东北大小兴安岭林区、吉林敦化、云南宁蒗地区、西藏墨脱门巴族地区的井干式民居，延边自治州朝鲜族民居，台湾高山族民居等等。

清代各地民居的发展与盛行，对中国近现代的民居形制有很大的影响力。

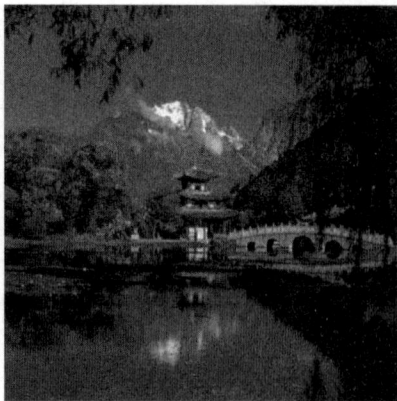

云南丽江黑龙潭。乾隆二年（1737），纳西族在象山脚下建玉泉龙王庙，乾隆题"玉泉龙神"封号，故又名"玉泉"。

王维德治外科

　　清一代的外科学家要数王维德最有影响。王维德，字洪绪，号林屋先生、定定子，吴县（今江苏苏州）人。他继承曾祖父所传外科验方秘术，兼通内、外、妇、儿诸科，而外科疮疡尤精。他主张外科内治，指出"红痈乃阳实之证，气血热而毒滞；白疽乃阴虚之症，气血寒而毒凝。"治标要先治本，因此一律以内服汤药治疗，并发明了名方"阳和汤"。他的"滋阴散寒、阳和解凝"理论为治疗疽论开辟了新途径。

　　王维德以治本为首要的宗旨，以其丰富的内治经验，促进了外科内治法的发展。而且外科内治主张迎合了病人畏惧手术的心理，加上标榜求"全生"，所以王氏疗法深受欢迎，影响巨大。他反对滥用刀针，如瘰疬（淋巴结核）要大禁针刀，以今天的眼光来看仍是相当正确的。只是王维德对手术切开一律持否定态度，标榜"全生"，斥责开刀的外科医生为"刽徒"，则反映出其保守的一面。王氏于乾隆五年（1740）撰成的《外科证治全生集》4卷，刊行后的200年间竟翻刻了近60次，仅光绪皇帝在位34年间就刊行17次之多，成为19世纪以来中医外科领域影响最大的一家。正因如此，他的保守思想严重禁锢了后代的外科发展，从而妨碍了中医外科学特别是手术疗法的发展。

清朝

1741 ～ 1750A.D.

1741A.D. 清乾隆六年

十二月，世宗宪皇帝实录及宝训成。

1742A.D. 清乾隆七年

二月，命拔贡生12年举行一次。诫乡试滥收遗材。

1743A.D. 清乾隆八年

四月，修医宗金鉴成。命沿海各省严缉"洋匪"。

1744A.D. 清乾隆九年

赵执信死。

1745A.D. 清乾隆十年

正月，噶尔丹策零使人奉表请命西藏派大喇嘛至其部落。

1750A.D. 清乾隆十五年

正月，策妄多尔济那木札勒使人奉贡。准宁古塔流民入籍。

1743A.D.

乔治王战争（英王乔治二世在位故名）发生，英国再度利用奥地利承继战争之时机，夺取法国在美洲之殖民地。

1744A.D.

奥地利与腓德烈二世战争再起。

法兰西路易十五派遣远征军护送詹姆斯二世子（"少僭位者"）入苏格兰，但无功而退。普鲁士与奥地利战事再起（亦称为"第二次西里亚战争"）。

达朗贝尔发表《流体运动均衡论》。

1745A.D.

日耳曼查理七世卒。斯图亚特王室争取复辟之努力，此为最后一次。

开伊发明自动织机，但为群众捣毁，开伊逃赴法国，1764年贫病交加卒。

1746A.D.

自今年起，英国殖民者进攻加拿大，但为法人所败。法人则联合一部分印第安人进攻英国殖民地北部，抵达纽约附近。

1747A.D.

伏尔泰作《查第格》。塞·约翰生发表英语词典计划。

1748A.D.

日耳曼与法、英、荷、西、隆地尼亚诸国共同签订爱斯拉沙白（亚亨）和约，结束"奥地利王位承继战争"。

1749A.D.

菲尔丁发表《汤姆·琼斯》。

数学家拉普拉斯出生。

平定楚粤苗瑶之变

乾隆初年，湖南城步、绥宁一带苗民起事。随后粤西怀远、融县、义宁等地瑶民也群起响应，当地知县、县丞、巡检、把总等前往招抚，都被瑶民捉走。在楚粤两省，苗瑶结合，官军攻楚，他们入粤；官军攻粤，他们入楚。清政府命湖南巡抚冯光裕、提督杜凯剿抚楚境，令两广总督马尔泰、广西提督谭行义助剿粤境，劳师动众，会剿数月，也无济于事。

古代苗族先民杀牛祭祖图

不久，清政府派贵州总督张广泗前往湖南察看形势。张广泗通过实地调查上奏朝廷：楚粤苗瑶勾结滋事，目无法纪。楚省大兵云集，自应与粤省会商、克期并进，使苗瑶腹背受敌，不难剪平。因此，两省提督必须移驻军营，就近会商，不分疆域，秉公办理，合力合剿。乾隆五年（1740）九月，乾隆任命张广泗为钦差大臣，全面负责平定苗瑶之事。命令楚粤官员均受张广泗节制，一切功罪听其赏罚。张广泗调兵遣将，攻寨搜山，分路进剿，将所有已经查明的"逆首"，悉行拿获，焚其寨，遣其众，同年十二月（1740）楚粤苗疆平定。

《广舆胜览图》之苗族舞乐曲

乾隆木兰秋狝

乾隆六年（1741）七月，清高宗爱新觉罗弘历举行木兰秋狝大典。在安排好皇宫政务后，于七月二十六日，从圆明园启銮，前往承德避暑山庄和木兰围场。

乾隆皇帝一行沿途受到当地蒙古王公的热情接待，他们或亲自随围，或恭迎圣驾，或遣使请安。乾隆皇帝非常高兴并分别赏赐。

木兰秋狝也称木兰随围，开始于康熙年间，内容包括赐宴避暑山庄和木兰行围狩难。避暑山庄筵宴是在万树园、大政殿、澹泊敬诚殿宴请藩部蒙古王公大臣，并举行跳驼、布库等游戏。

乾隆弘历哨鹿图

山庄活动结束后，也就是过了中秋节，皇帝一行要去木兰行围。行围分哨鹿、围狝。哨鹿时，皇帝略带随从，五更出营，头顶特制鹿角，口吹木制长哨，模仿雄鹿求偶之声。待到母鹿一到，立刻发枪，鹿便应声倒地。而围狝则规模宏大，皇帝带领大量随从及各藩部蒙古王公，戎装入围，射飞禽，追走兽，声势浩大，而木兰秋狝的目的正在于尚武习劳，怀柔藩部。

木兰秋狝在康熙时，每隔一年进行一次，从乾隆十七年（1752）后，每年一次。嘉庆时，国势颓废，秋狝渐减，道光年间，国事弱贫，秋狝几乎停止。木兰秋狝的衰落，从一个侧面反映了清王朝的盛衰变化。

清政府组织编纂医书《医宗金鉴》

　　乾隆年间，清政府利用宫廷所藏医书和从全国各地征集新旧医书、家藏秘书及世传良方，组织编撰大型医书《医宗金鉴》90卷。由太医院院判吴谦、刘裕铎任总修官，另从太医院中选中36人参与修纂。分15部，即：《订正仲景全书伤寒论注》、《订正金匮要略注》、《删补名医方论》、《四诊心法要诀》、《运气要诀》、《伤寒心法要诀》、《杂病心法要诀》、《妇科心法要诀》、《幼科心法要诀》、《痘疹心法要诀》、《种痘心法要诀》、《处科心法要诀》、《眼科心法要诀》、《刺灸心法要诀》、《正骨心法要诣》。其中《伤寒论注》、《金匮要略注》根据历代二十余位注家的著述，"取其精确实有发明者"，对原文逐条订正讹误。《删补名医方论》

清针炙铜人

精选历代医方200多首，每方方论结合，详述病源、病症、方解及药味加减。《运气要诀》将散见《内经》诸篇有关内容以歌诀形式汇为一编，并附图说明。各科《心法要诀》亦以歌诀形式叙述各科疾病及疗法，最切实用。

　　《医宗金鉴》内容丰富，而分类精确，删繁就简，语言通俗。《四库全书总目》称其"有图有说有歌诀，俾学者既易考求，又便诵习"。成为历代最为完备、简明、实用的医书。

户部宝泉局工匠罢工

　　乾隆六年（1741）七月二十七日，户部宝泉东厂、西厂、南厂、北厂四

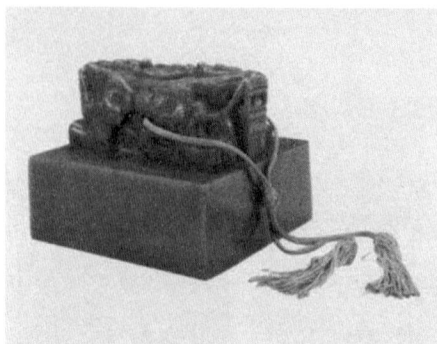
乾隆帝玉玺

大
清
盛
世
时
期

厂工匠同时举行罢工，以抗议清政府减发工资。

罢工发生后，宝泉局通过软硬兼施的办法，迫使北厂、南厂相继复工。但东厂翻沙工童光荣，仍指使诸匠不领工价。恰遇有磨钱匠张文仓不听指使，彼此发生口角，继而相互殴打导致张文仓葬命。监督将童光荣收审，东厂其余工人领工价后开炉复工。

八月七日，北厂工匠突然停炉，声言要算本年秋季新帐。十八日，西厂工匠也忽然上房呐喊，抛掷砖瓦，要求照北厂那样重与炉头清算旧帐。随后南厂、东厂也都停炉观望，四厂再次停炉罢工。清政府见形势愈演愈烈，赶忙采取息事宁人的策略，暂将存局冬季工料银两，借给炉头，令其按数分给，以使各匠帖然心服，照旧开炉鼓铸。并在开炉之后，密访为首之人，查交刑部，从重治罪。

啯噜子盛行

乾隆初年，湖广、江西、陕西、广东、福建等地流民大量涌入四川，就地觅食。开始时，还和当地人一样垦田种地，后来流民越来越多，一部分流民便找与外省或州县交界处，私自垦种。在受到地方政府的禁止后，他们便组织起来，交结本省"不肖奸棍"，身佩凶刀，横行乡镇，强乞强买，被当地人称为"啯噜子"。

啯噜子选出其中的强悍者作为组织的渠师。同时，又交相联络，相互应援，出没各有记认，党羽日多。捕役乡保，如查拿追捕，必遭惨毒。啯噜子公然成为当地一大害。乾隆八年（1743），十月，四川巡抚纪山张贴告示：如将著名啯噜子渠首拿获归案，立刻枷杖立毙。其他啯噜子，如系外来流棍，递回原籍；如系本省奸民，责令乡保管束，朔望点名稽查。乡保地保齐心协拿者，加以重赏；坐视放纵者，示以严惩。同时纪山还提出：查湖广等省外来人，都是因误听四川地广人稀之说，群思赴川垦田，岂知四川早已无荒可辟。要求以后除有亲族可依，来四川帮工为生的人之外，其他人一概不能随意入川垦田，以免滋事生非。然而，由于流民众多，啯噜子还是愈来愈多。

温病学派全面发展

温病是对应于伤寒而言的一类外感急性热病，"温病"的名称，早在《内经》中已经出现。张仲景《伤寒论》亦包含"温病"内容，某些方剂且为后世医家广泛采用，但对温病的辨证论治未作论述。宋代以前，关于温病的证治是在伤寒学说中研究阐发的，因此一直未形成系统的独立的学说。金元时期，温热病的治疗初步从外感伤寒的治疗中分离出来。河间学派遂成为温病学派的先驱。明末温热病流行，吴又可按疫医治，大获奇效。吴又可据此撰成《温疫论》一书，温病学说渐成体系。清初研究温病的学者增多，但对其病机理论的研究未有突破。清中叶以后，温病学派全面发展，出现了叶天士、薛雪、吴鞠通、王孟英四大温病学家。

著名温病学家吴鞠通像

叶天士（1667～1746），名叶桂，号香岩，江苏吴县（今属苏州市）人。出身于医学世家。所著《温热论》为温热学派代表作。他认为，温邪由口鼻侵入人体，揭示了温热病的发病途径、病理特征和传变规律。创立"卫气营血"辨证，表明温病由浅入深的传变层次，提出相应的治疗法则，从而使温病学说形成一套完整的体系，影响极大。

薛雪（1680～1770），字生白，号一飘。

北京同仁堂传统中成药安宫牛黄丸，处方来自《温病条辨》，是治疗温热病的著名成药。

大清盛世时期

清林钟绘《古代医家画像》中凤纲制药图。清代汉阳人凤纲，常采百草之花盛于瓮中以水渍之，加盖并以泥密封。自正月始至九月末；又取瓮埋百日，取出后煎膏为丸，有猝死者以此药纳口中，水下咽即可回生。

清代著名温病学家王孟英，著有《温热经纬》，集明清温病学之大成。

又号扫叶山人，磨剑山人，槐云山人。江苏吴县人。所著《湿热条辨》（1831）是中国第一部湿温病专著。书中详述湿热病的病因、感邪途径、病机特点、辨证分型、所用方药等，集湿热病之大成，且多有创见，为临症治湿热病所宗法。又有《论湿热有三焦可辨》，对后世温热学派多有启发。

吴鞠通（瑭）所著《温病条辨》在叶天士温热论的基础上，自成体系。又在薛雪"三焦可辨"理论的基础上，创立"三焦辨症"疗法。他把温病分为风湿、温疫、冬温等9种，以条文形式记述其病因、病机、症候、治法、方药及注解说明。总结出清络、清营、育阴等治疗原则。使温病学说更为完整和系统化。

王孟英（1808～1868），名士雄，号潜斋，又号半痴山人、随息居士，晚号梦隐。浙江盐官（今属海宁市）人。所著《温热经纬》5卷（1851），以《内经》、《伤寒论》中有关温病的论述为经，以叶天士、陈平伯、薛雪、余师愚诸家的温病著作为纬，附以自己的见解，将温病分成"伏气"和"新感"两大类进行论述。为集温病学大成之作。另著有《霍乱论》3卷（1838）、《王氏医案》等，均为温热学派名著。著作收入《中国医学大成》、《珍本医书集成》等丛书，广为流传。

多熟制普及

　　18世纪中叶以后，我国北方除一年一熟的地区外，山东、河北、陕西的关中地区已经较普遍地实行了三年四熟或二年三熟制，而以三年四熟制为主。这种农作制经过逐步完善，到19世纪前期已基本定型，并一直沿袭到本世纪50年代初。

　　康熙、乾隆时期，清政府曾大力提倡在珠江流域推行三熟制和在长江流域推广双季稻。当时广州地区通行双季连作稻，推行的是稻稻麦和稻稻菜的三熟制。康熙和乾隆帝都曾命人在南方江、浙、湖南推广过"御稻"和"双季稻"。他们虽没有达到在这些地方普遍推广双季稻的目的，但是却推动了多种形式两熟种植制的发展。

　　康乾时期，在江、浙一带，"浙江东，春三月种稻，夏六月获，秋七月种菽，九月获"，即稻豆两熟。"浙以西，冬十二月种麦，夏四月获；五月种稻，秋九月获"，即稻麦两熟制。沿海种棉较多地区则实行稻棉两熟制。湖南省在湘东和湘北推行双季稻，在湘西和湘南则推行稻荞（麦）、稻麦、稻菜、稻豆等多种形式的两熟制。江西和四川省的情况也类似湖南省。台湾的双季稻以至三季稻也是清代发展起来的，在双季稻的基础上再加上冬种小麦，便成了我国南方麦稻稻的三熟制，但这种三熟制并不普遍，直到清代中期种麦的人仍然不多，以至地方官常常要提倡种麦。乾隆七年（1742）广东河源知县陈张翼履任，劝民多种二麦，推广了三年，终于"人情踊跃，虽云两造，实则三收"。清代中期，广东惠州府还推行了"稻稻麦"或"稻稻油菜"的一年三熟制。

中华文明

清廷赈救黄淮灾区

乾隆七年（1742）夏天，江苏、安徽、湖南、湖北、贵州、江西、浙江、山东等省均遭水灾。尤以江苏、安徽两省为重。两省估计灾民有数百万之多。

《耕织图》中的浸种场面。浸种有清水浸、温汤和药剂浸等。本图表现的是清水浸。清水浸种，能使种子发芽整齐、幼苗生长健壮、防止病虫害。

清政府闻报，立即指示江苏、安徽两省督抚，不拘常例，竭力拯救；水退之后，要倍加抚绥，毋致失所。乾隆帝降旨免除灾区本年额赋。又派熟悉水务的直隶总督高斌和刑部侍郎周学健为钦差大臣，前往南方办理赈济与水利诸事。乾隆帝还多次下谕，督令大学士、江南督抚、漕督、河督等调拨银粮，赈济灾民。八月发库银250万两，散救灾区。九月一日，又命江南、徐、淮等地所存仓谷共54万石，平粜赈灾。又借浙江仓粮10万石，截留山东漕米10万石运到江南备用。九月十六日，清廷又陆续发下江藩、粮、盐三库存银94万两、米谷110余万石，上江库银80余万两、米谷120万石，今年盐课存银130万两。再从邻省拨银100万两，分贮江苏、安徽藩库，以便赈恤到明年麦收之前。

乾隆七年黄淮大水，由于政府采取了有效措施，避免了大的社会动荡。

《授时通考》编成

乾隆七年（1742），清政府官修鄂尔泰等人负责编纂的《授时通考》编成。授时者，"敬授人时"之意。除辑录历代农书外，还征引经、史、子、集中有关农事的记载 427 种和 512 幅插图。全书 78 卷，98 万字，分为天时、土宜、谷种、功作、劝课、蓄谷、农余和蚕桑 8 门，每门若干卷。天时门述农人四季之农事活动。土宜门包括辨方、田制、田制图说、水利等。谷种门包括各种农作物的种名考源，并汇集了各地水稻品种的有关资料。功作门技术性最强，对农作物的栽培过程和各个环节叙述备详；后附泰西水法 1 卷，介绍了当时传入的西方灌溉工具。农余门篇幅最大，内容庞杂，包括蔬类、果类、木类、杂植、畜牧等，反映出历代封建统治者片面重视粮食生产，不重视与此相关的果蔬畜牧等。

《授时通考》辑录了许多珍贵的资料，对历代农事活动作了较完整的总结，与《齐民要术》、《王祯农书》和《农政全书》成为中国现存四大农书之一。《授时通考》成书之后，除朝廷印制外，各省还奉旨复刻，因而流传较广。

《大清一统志》成为中国地理总志

《大清一统志》，清代官修地理总志。从康熙时起编，经三次增辑重修。

第一次修《大清一统志》始于康熙二十五年（1686），陈廷敬、徐乾学负责，顾其禹、阎若璩、齐召南等参与。乾隆八年（1743）成书，次年刊行，共 342 卷。第二次修撰始于乾隆二十九年（1764），完成于四十九年（1784），共 420 卷（合

清《续通志》

子卷为 500 卷），俗称"乾隆《大清一统志》"，收入《四库全书》。第三次修撰始于嘉庆十七年（1812），完成于道光二十二年（1842），由穆彰阿等修，李佐贤等总纂。因后者始事嘉庆年间，又所增辑资料至嘉庆二十五年（1820）止，因此定名为《嘉庆重修一统志》，共 560 卷。清三修《一统志》，以第三次所修最为完备，记述嘉庆以前清朝疆域政区状况。

《大清一统志》所编排次序为：京师为首，下分直隶、盛京、江苏、安徽、山西、山东、河南、陕西、甘肃、浙江、江西、湖北、湖南、四川、福建、

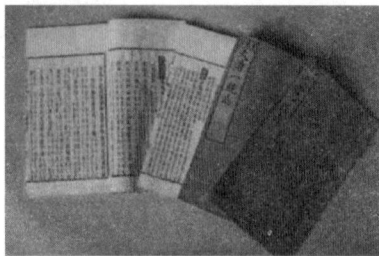
《大清一统志》

广东、广西、云南、贵州、新疆、乌里雅苏台、蒙古共22统部及青海、西藏等地区。各统部先冠地图、建置沿革表；次以总叙，概述一部大要；再有府、厅、州分卷。包括项目有疆域、分野、建置沿革、形势、风俗、城池、学校、户口、田赋、山川、古迹、关隘、津梁、堤堰、寺观、陵墓、祠庙、名宦、人物、流寓、列女、仙释、土产等25目。内容丰富，考订详尽，是一部较完整的全国性地方总志，是研究我国历史地理的重要资料。

禁止种烟

清初，烟草的栽培只在福建一省，康熙时，已遍布全国。因种烟收益大，福建一省，烟草种植，占耕地的十分之六七；广西农民，十家有五家从事种烟；陕西沃田肥土，尽种烟叶。鉴于这种情况，江西巡抚陈宏谋以种烟耗农而妨地利，奏请乾隆皇帝从甲子年开始，令地方官通行禁止。

乾隆八年（1743）六月，大学士等会议认为：民间种烟，废可耕之地，营无益以妨农工，积习相沿，日以滋甚。如直隶、山东、江西、湖广、福建等省，种植尤多，种谷之地日益减少。遂请除城内隙地和城外近城畸零菜圃地外，野外阡陌相连大片田地，一概不许种烟。乾隆皇帝准旨按照大学士所议，在全国实行。

永定河开渠筑坝

乾隆八年（1743）十一月，清政府依据直隶总督高斌的请求，由政府组织，在永定河上游开渠筑坝。

永定河又名桑干河或无定河。康熙年间，经于成龙等人治理，康熙帝赐名永定河。

乾隆六年（1741），山西大同、西宁两县居民愿意自筹资金在永定河上游开渠灌溉。署督史贻直派人查勘，发现事属可行，并上报直隶总督高斌，高斌再上奏清廷。高斌认为，兴修水利，不但有利于民田灌溉，而且可以减泄永定河水势，减少水灾。请于桑干河南北两岸，各开渠一道，所需工料银两，政府先行支付，待营田成熟后，按亩均摊还款。大学士鄂尔泰等人也认为：开渠既有益民生，就应如高斌所请，只是永定水势汹涌，若在下流层层栏筑，大水之年，上游则没坝可阻，还应详慎办理。高斌又复上奏：永定河上游桑干河自和合堡以下170里，皆两山相夹，桑干河和洋河等水在此段相汇，水势高大，可以在此建一玲珑石坝，以遏水势，遇讯涨时，水必漫坝而过，水势锐缓，这样就解决了开渠灌溉所带来的问题。

永定河通过开渠筑坝，既方便了上游两岸人民的农田灌溉，又减少了下游的水灾，直到同治年间，半个世纪里，永定河也没有泛滥成灾过。

桐城派鼎盛

清中叶，最著名的散文流派首推桐城文派。代表作家有方苞、刘大櫆、姚鼐，都是安徽桐城人，因此得名。

方苞（1668～1749），字凤九，号望溪。康熙三十八年江南乡试第一名。曾任礼部右侍郎、经史馆总裁等职。方苞是桐城派的创始人。他尊奉程朱理学和唐宋散文，提倡写古文要重"义法"。他说："'义'即《易》之所谓'言有物'也；'法'即《易》之所谓'言有序'也。义以为经而法纬之，然后为成体之文。"他的义经法纬之说，是要求内容和形式的统一。从"义法"学说出发，他进一步提出文章贵在"清真雅正"和"雅洁"，反对俚俗和繁芜。刘大櫆（1698～1780），字耕南，号海峰。他补充了方苞的古文理论，进一步探求散文的艺术性，并提出"因声求气"说。他说："作文本以明义理，适世用。而明义理，适世用，必有待于文人之能事。""能事"就是文章的"神气"、"音节"，是写文章必须追逐的最高境界。姚鼐（1731～1815），字姬传，号惜抱，桐城派的集大成者。他在方、刘基础上，提出"义理、考据、辞章"为行文的三大支柱，同时指出："神、理、气、味者，文之精也；格、律、声、色者，文之粗也。"方、刘、姚三家学说构成桐城派完整的古文理论。

桐城派的文章，以碑志、传状为最多，也有不少议论文。艺术价值最高的，是记事小品文和山水游记文。如方苞的《狱中杂记》、《左忠毅公逸事》，或抨击当世黑暗，或景仰志士节操，音调沉郁，多有可观。刘大櫆文章多写身世之情，抒发怀才不遇的感慨。他的游记散文如《游晋祠记》、《游万柳堂记》等也堪称纪游景文之胜。姚鼐古文以游记散文见长。他的《登泰山记》、《游灵岩记》等严谨有法，雅洁不芜。

桐城派的文章，在思想上多为"阐道翼教"而作；在文风上，选取素材、语言运用，只求简明达意、条例清晰，不重罗列材料、堆砌辞藻，不用诗词与骈句，力求"清真雅正"，正体现桐城文派的特色。

桐城派提倡程朱理学，适应了清朝统治者的需要，故能得以流传广大。有清一代，从康熙至清末，从桐城遍及全国，世之古文风格几乎都笼罩在它的身影之下。

雍亲王府改为喇嘛寺

康熙三十三年（1694），康熙帝第四子胤禛（后来的雍正皇帝）在北京城内东北隅原明代太监官房旧址筑建雍亲王府。雍正三年（1725）改建为雍和宫，成为特务衙署"粘杆处"。雍正驾崩（1735）后，因其灵柩停放在宫内，遂将各主要建筑的屋顶由绿琉璃瓦改为黄琉璃瓦。又将供奉雍正帝画像的永佑殿改名为神御殿。此后，雍和宫成为清代皇帝供奉祖先的曩堂，众喇嘛常年在此颂经，超度亡灵。乾隆九年（1744），正式改建为喇嘛教寺院，并成为清政府管理喇嘛教事务的中心。

雍和宫法轮殿内景

雍和官万福阁

旗人中流行子弟书

　　子弟书是清代曲种。因首创于以满族为主体的八旗子弟故名。曾流行于华北、东北等地区。子弟书渊源于清代军中流行的巫歌、俗曲。清代初年，大批旗籍子弟远戍边关，常利用当时流行的俗曲和满族萨满教的巫歌"单鼓词曲"曲调，配以八角鼓击节，编词演唱，借以抒发怀乡思归的心情，或反映军中时事以为娱乐。这类演唱，通称为"八旗子弟乐"，后来传入北京。约在乾隆初年，北京的一些旗籍子弟以此种曲调为基础，参照民间鼓词的形式，创造出一种以七言为体，没有说白、以叙述故事为主的书段，演唱时仍以八角鼓击节，正式称为子弟书。早期的子弟书，重书词创作，轻演唱，曲调也比较简单。作者以满族子弟为主，兼有汉军旗籍人士参加。当时由这些人组织的书社（或称诗社），往往演唱作者自己的新作，通过互相探讨，提高创作技巧，联络情谊。

　　子弟书的曲调分为东城调和西城调两种。东城调粗犷沉穆，善唱慷慨激昂的历史故事；西城调低缓萦纡，善唱委婉绮丽的爱情故事。

　　清代末年，约在1850年前后，北京又出现了南城调、北城调两个支派，以曲调流畅、节奏较快受到民间的喜爱。嘉庆三年（1798），东韵随北京闲散清室人员被遣送盛京（今沈阳市）而传入东北。子弟书至1900年左右已见衰竭。

子弟书的作品甚多。在清代主要靠北京百本张书铺以抄本流传；据傅惜华《子弟书总目》著录有446种。有影响的作者，早期为罗松窗，传世的代表作品有《红拂私奔》、《杜丽娘寻梦》等数种，晚期作者以韩小窗最为著名，有影响的作品有《长坂坡》、《露泪缘》等35种之多。

圆明三园建成

清乾隆九年（1744），圆明三园基本建成。它位于北京西北郊，是圆明园以及它的附园长春园和绮春园的合称。也是清代北京西北郊五座离宫别苑即"三山五园"（香山静宜园、玉泉山静明园、万寿山清漪园、圆明园、畅春园）中规模最大的一座，占地面积为347公顷。咸丰十年（1860）为英法联军所毁。

圆明园长春园中谐奇趣西洋楼及方壶胜境图

作为三园之中规模最大的圆明园，原是明代私家园林，清康熙四十八年（1709）赐给皇四子胤禛，改名圆明园。胤禛登位后，扩建为皇帝长期居住的离宫。后来，乾隆皇帝6次下江南，凡是他所中意的名园胜景都命画师摹绘下来作为建园的参考，因此，圆明园在乾隆时再次扩建，在继承北方园林传统艺术的基础上，广泛汲取江南园林的艺术精华，建成一座具有极高艺术水平的大型皇家园林。作为一座集锦式园林，它以宫殿区为中心，周围在河湖各处散落布置了近百座建筑群。其中由乾隆皇帝题咏的共40处，称为圆明园四十景。

长春园建于乾隆十四年（1749）。它位于圆明园的东侧，是乾隆皇帝归政后的游乐之地。园内湖堤纵横，散落着倩园、茹园、建园、狮子林等30处景点，这就是所谓的长春园三十景。另外，在长春园北墙内东西狭长地带，建有6幢欧洲巴洛克风格的砖石建筑，以及西洋喷泉和动物雕刻，这一景点被称为西洋楼。

绮春园又名万寿园，在乾隆三十七年（1772）由长春园南边的几个小园合并而成。有著名的绮春三十景。嘉庆十四年（1809）建成绮春园大宫门，拓展西路，并入含晖园和寓园。

圆明三园全部由人工起造。造园匠师运用中国古典园林掇山和理水的各种手法，创造出一个完整的山水地貌作为造景

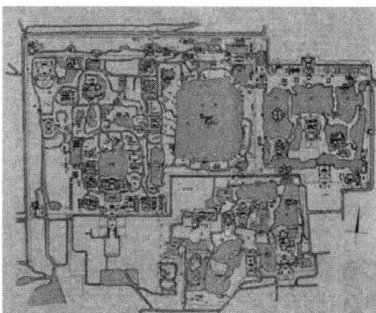

圆明园、长春园、绮春园总平面图

的园林结构。圆明三园最大的特色就是水多，水域面积占全园面积的一半以上。回环萦绕的河道构成全园的脉络和纽带。叠石而成的假山，聚土而成的岗阜，以及零落散布的岛、屿、洲、堤，构成了山重水复、层叠多变的山水景观。

圆明园内有类型多样、各具特色的建筑物。如"武陵春色"，取材于陶渊明的《桃花源记》；"蓬岛瑶台"，寓意神话中的东海三神山；"福海沿岸"，摹拟杭州西湖十景；而九岛环列的后湖则代表"禹贡九州"，体现"普天之下，莫非王土"。

圆明园作为皇帝长期居住的离宫，兼有"宫和苑"两重作用。在园的正门建有一个相对独立的宫廷区，包括皇帝、皇后的寝宫、皇帝上朝听政的"正大光明"殿、大臣议事的朝房和政府各部门的值房，实际上是北京皇城大内的缩影。

圆明三园都是集锦式的山水园林。尽管在布局和造园手法上各有千秋，但总体而言，它们是清代皇家园林中的精品，被世人誉为"万园之园"。

沈绍安造脱胎漆器

沈绍安是清代乾隆时期福建著名的漆工，他以脱胎漆器而闻名于世。

脱胎漆器是彩绘的一种。彩绘相当于《髹饰志》的描饰，即用漆或油描绘花纹的各种漆器。明清彩漆有两个变化，一是地色的不同，如同一彩绘画在黑、朱、黄、紫等漆地上，容貌皆殊。同一色地又有素地、锦地之别。二

漆盘

剔红九龙海水纹天球瓶

是在花纹轮廓及纹理书法的不同,有黑理钩、金理钩、划理之别。还有不勾轮廓的所谓没骨画法。沈绍安是彩绘方面的佼佼者。

沈绍安制胎不用粗麻布而使用极薄的夏布及丝绸,在一定程度上改变了古代的夹纻。他创造性的贡献在于用金箔或银箔粉末调漆,制成淡黄色或白色漆,然后再和其他色漆混和,从而糅出一系列浓淡不同、鲜艳而内含闪光的漆。这类色漆固然可以糅制一色漆器,而更适宜用作彩绘漆器的漆地。

沈绍安之后,一直到他的五代孙正镐、正恂、正铎等在制胎和调漆方面都有进一步的发展,使福州脱胎漆器具有鲜明的特色。

商业市镇兴盛

清初,由于人口压力和市场经济利润的诱惑,明代中期以后江南农业经营方式朝着商品化方向转变,农民越来越深地投身到市场经济体系之中。商业市镇就是伴随着商品性农业经营的发展,在集市的基础上,进入快速发展的时期,并且兴盛一时。

商业市镇往往出现在交通干线附近或商业性农业发达的地区,在很大程度上摆脱了以往集市的区域受自然经济的局限,对自然经济起着瓦解作用,在商业和金融技术方面发生突破性进展。清代商业市镇最兴盛的地带当属江浙,构成这里商品经济发达的重要因素是棉花种植和棉纺织业发达。江苏松江府及太仓州所属各县是清代重要的棉花产地,各县棉花的播种面积占总耕地面积60%以上,收获的棉花主要作为棉纺业的原料。与此相应,当时的重要棉市也都分布在这一地区,棉市的兴衰决定了市镇本身的繁盛与否。清代民间手工业的兴盛为市镇的繁荣提供了丰富的商品，在客观上刺激了市镇的发展。市镇进行的各种交易中，批发大于零售，有利于商业金融技术的改进，使商业市镇呈现出"都市化"倾向，是真正意义上的全国市场的一部分。

江南地区在清代，是城市最为密集的地带，一般都是有名的商业性市镇，它们构成一个严密的区域城市网，使这一地区成为一个有机的经济整体，有力地促进了经济领域的"传统内变迁"的进程。同时，市镇总数和市镇居民人数的增长证明了江南市镇的兴旺发达。根据方志资料的记载，16世纪（明朝后期）以后，江南的商业化市镇就已进入稳步发展时期，到清乾隆时代，市镇的数量已比明末增长两倍以上，而且许多市镇是在清初由乡村聚落快速发展成为地方贸易中心，并且成为拥有数千以至上万户人口的大市镇。据乾隆《吴江县志》估算，市镇户数占全县户数达35%，就江苏、浙江的平均水平而言，市镇人口所占比例也在10%至15%以上。

作为政治性城市的经济机能的加强，是与商业性市镇崛起相一致的。各个地区都有一个地区性的政治中心，如华北的北京、西北的西安，长江上、中、下游分别为重庆、武汉、上海，东南沿海为福州，岭南为广州，这些都会在清前就已存在，入清后继续发挥作用，只是加强了浓烈的商业色彩，在全国市场网中发挥着极大作用。而其中的上海、汉口、重庆和广州，由于地处交通枢纽，随着贸易的开展急剧膨胀起来，它们的商业性远远地超过了其政治职能，纯粹依靠经济条件而存在发展，其实是大规模的商业市镇，在传统中国的经济结构中具有特别重要的意义。

清《盛世滋生图》卷描绘的丝绸之府——苏州怀胥桥商市的繁忙景象

北京前门商业区

059

《律吕正义》编成

清代康乾年间，音乐百科著作《律吕正义》编撰完成。

《律吕正义》分为上编、下编、续编和后编，前三编共 5 卷，是由康熙帝敕撰，魏廷珍、梅毂成、王兰生编修，于康熙五十三年（1714）完成；后编计 120 卷，由乾隆敕撰，允禄、张照等人编纂，于乾隆十一年（1746）完成。上编包括乐律律制、度量衡制、乐谱谱式、旋宫转调等。下编包括乐器形制等。续编则根据一些西方乐书，介绍了欧洲乐理知识。后编内容繁杂，包括清初以来宫廷典礼音乐、乐章、乐谱、舞谱、乐器解说及图样，历代乐舞制度、度量衡制，以及"乐问"和答语等。

《律吕正义》所包括的许多内容都具有重要的历史文献价值。例如续编是最早向国内系统介绍欧洲记谱法的资料。后编中介绍的许多少数民族乐器，如蒙古的筚吹乐，回部、瓦尔喀部和朝鲜国的乐器图等，是珍贵的文献资料。在"回部乐技"中所记述的音乐歌舞，可以在现代南疆的民族舞蹈中见到。但是，《律吕正义》中的有些篇幅，也存在有墨守成规和自相矛盾之处，在作为历史资料参考时应予以分析。

总的说来，《律吕正义》内容丰富，为我们保留了大量古代音乐、舞蹈资料，直到今天，仍有极高的研究价值。

仲吕，金编钟之一，为十正律的一个律名。

清金编钟

莎罗奔叛乱·金川之役爆发

乾隆十二年（1747）二月，大金川土司莎罗奔叛乱，出兵攻打革布什札及明正两土司。

大小金川在四川西北部，为藏族聚居地区，以产金得名，清初设安抚司统治该地。当地大金川土司莎罗奔一直想吞并小金川，并于乾隆十一年劫持小金川土司泽旺，夺了泽旺的官印，经清政府干预，莎罗奔将泽旺释放。为此，莎罗奔对政府怀恨在心，终于爆发了公开叛乱。

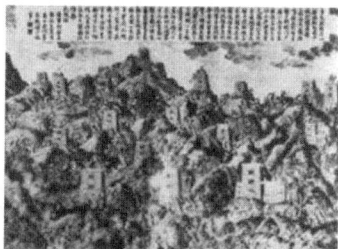

《两金川得胜图》

清政府先派四川巡抚纪山派兵镇压，因金川地区地势险要，反为莎罗奔所败。随后清政府因云贵总督张广泗平息苗瑶叛乱有功，遂派张广泗为四川总督，增兵进剿，结果也是劳师无功。乾隆十三年，清政府又派大学士讷亲为经略大臣，赴川督师，又因张广泗与讷亲不和，步调不一，连攻数月，损兵折将，未得寸进之功。为严肃军纪，乾隆皇帝下令处死张广泗，赐讷亲死。再派大学士傅恒为经略，增派军队，继续进剿。

岳钟琪像

乾隆十四年（1749），傅恒历经辛劳赶到前线，起用名将岳钟琪，先设计斩杀内奸良尔吉、王秋等人，然后改变讷亲原来的攻防之策，制定直捣敌人中坚的计划，分兵深入，攻碉夺犬，终于迫使莎罗奔遣人乞降。经清政府允许，傅恒接受了莎罗奔的投降，金川始平。

清初大移民

当满清统治者入主中原，是"一望极目，田地荒凉；四顾郊原，社灶烟冷"的苍凉景象，这促使他们采取休养生息政策，减免各地田赋，并进行大规模的垦荒浪潮。这一系列行之有效的措施，不单使大片土地重新得到开发，也垦辟出大量荒地，耕地面积不断扩大。而荒地的开垦总是伴随着人口由密集地区向土地丰富地区的迁移。因此，随着清初的发展农业政策的推行，出现了大移民运动。

清初的移民运动主要是大量人口从已开发区域向开发中区域的迁移。所谓已开发区域，是指农业资源已充分开发、人地比例甚高、手工业比较发达的地区，包括东部的直隶、河南、山东、山西、江苏、浙江、安徽、江西、福建和广东10个省份。人口比例较低、自然资源正在逐渐开发的地区为开发中区域，包括东北、陕西、甘肃、湖北、湖南、广西、四川、云南、贵州和台湾。因而，清初最大的移民浪潮出现在由东南到两湖再到四川一线。向汉水流域的移民也有一定的规模，这一地带大抵包括湖北北部、河南西南部、陕西南部和甘肃的东南角。这一时期，华北的农民已开始向东北移徙，东南沿海居民也有一些冲破森严的海禁到台湾等地去谋生，不过规模都很小。

年画《天仙配》

在明清交替的战祸中，四川社会经济遭受了最严重破坏，出现"民无遗类，地尽抛荒"的情形。清初，政府便鼓励倡导外省无地农民到四川垦荒，于是湖广农民掀起入川浪潮，其他邻近省份也纷纷响应。从顺治十八年（1661）到嘉庆十七年（1812），四川人口和田地分别增长了133073％和3816％。同样，移民对其他开发中区域如东北、两湖、陕西、甘肃、广西、云南、贵州等地的经济突飞猛进的发展，所起的作用亦是巨大的。

《九宫大成谱》编成

乾隆十一年十二月（1746），由和硕庄亲王允禄，乐工周祥钰、徐兴华等人编纂的《九宫大成南北词宫谱》完成，简称《九宫大成谱》。

"宫"就是"调"。明代把正宫、中吕宫、南吕宫、仙吕宫、黄钟宫和大石调、双调、商调、越调等五宫四调合称"九宫"。实际上，《九宫大成谱》达25个宫调之多。

《九宫大成谱》共82卷，汇集了南北2094个曲牌。它选用了唐、五代、宋人词、金元诸宫调、元明散曲、南戏、北杂剧、

清乾隆年间珐琅仙人采药大盘

明清昆腔、清宫承应戏、御制腔等不同时代、不同来源、不同格律、不同乐种的歌词。按南曲、引曲、正曲、集曲、北曲的双曲、套曲分类。其中有北套曲185套，南北合套曲36套，分别列入不同的宫调中。

唐宋的歌舞大曲、宋代的财戏、金元的说唱音乐诸宫调以及元明清三代戏曲很多都已失传，仅赖《九宫大成谱》得以保存，因此，它是研究中国古代散曲、清曲、戏曲音乐的重要参考资料。

西藏珠尔默特作乱

乾隆十五年（1750），西藏藏王珠尔默特那木扎勒率众叛乱。

藏王珠尔默特为了巩固自己的地位，一心想除掉主持阿里克地区事务的

大清盛世时期

西藏喇嘛教法器镶翅法螺。《法华经·序品》称："今佛世尊欲说大法，雨大法雨，吹大法螺，击大法鼓，演大法义。"

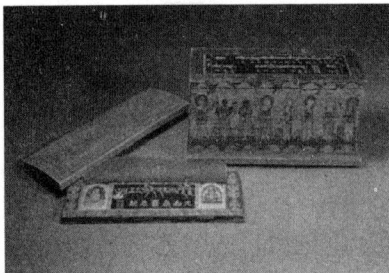

清代金写本藏汉合璧经册，是汉藏民族间文化交流的象征。

兄长珠尔默特策布登。为此，他多次向驻藏大臣傅清诬告其兄，傅清把实际情况转告乾隆皇帝，乾隆皇帝让傅清传谕训斥，令其兄弟和好。珠尔默特阴谋不成，迁怒于驻藏大臣。乾隆十四年，清政府召回傅清，派纪山入藏。纪山软弱无能，迁就顺从珠尔默特。结果，珠尔默特袭杀其兄珠尔默特策布登，同时对西藏宗教领袖达赖喇嘛心怀疑忌，毫不尊恭，对反对他的行政官员则大加杀害、革职，甚至提出撤走驻藏官兵的无理要求。乾隆十四年，清政府再次派傅清和拉布敦为驻藏大臣换回纪山。

傅清再次回藏，与珠尔默特的叛乱行为作了坚决的斗争。珠尔默特一方面将400多名驻藏汉兵逐回内地，一方面联络准噶尔作外援，切断通藏邮路，阻止进藏交通。乾隆十五年，驻藏大臣傅清和拉布敦在与中央的联系中断以后，采取紧急措施，诱使珠尔默特至驻藏大臣公署楼上，加以处死。珠尔默特的随从则纵火烧楼，傅清与拉布敦遇害。次日，达赖喇嘛出面平叛，很快抓捕珠尔默特余党，叛乱始平。

中国钱庄成熟

　　清代前中期使用的货币主要有两种：白银和制钱。在交易中，这两种钱经常需要相互兑换，因而经营银、钱兑换等业务的金融机构钱庄、银号也随之出现，并逐渐发展成熟。

　　钱庄又称钱铺，最早出现于明代中期，但规模小功能单一，主要是经营银、钱兑换。到了清朝，商业发展货币流通量大速度也快，钱庄的设立也就变得广泛，其功能也不断增加，不单进行银、钱的兑换业务，后来还经营储蓄和放贷，并且发行钱票。另外还有一种金融机构，其业务范围和钱庄相似，只是发行的兑换券称银票，这种机构称为银号。钱庄、银号的普遍建立使得钱票和银票的流通遍及全国，给人们的日常生活带来极大的便利。单北京就有千余家钱铺，大铺开出的钱票都不下一二十万串，中等钱铺亦不下于数万串，商人将钱票携至目的地就可以兑成现金，而不用再担心因银钱过重给旅途带来各种不便。上海的豆、麦、棉花、布等交易有许多以银票支付，避免了许多麻烦。

钱票的普遍使用使之分类愈来愈细，如山西行用的钱票已有凭帖、兑帖、上帖、期帖等名目，凭帖是本铺所出之票，兑帖是此铺兑与彼铺使用的票，上帖分当铺给钱铺和钱铺给当铺的两种，期帖则是要到规定期限满后才能兑换的票，兑换时可以得到一定数额的利息，即所谓的"多得钱文"。后来随着商品经济的不断发展，到18世纪末，山西平遥人雷履泰创立了一种以经营汇兑业务为主的票号，即商人在购货地点设立分号以吸收现款以支付购货所需费用，减免现银运输的麻烦。此项业务既方便，又能获取很多利润，于是迅速推广开来。冯桂芬《显志堂稿》（卷11）中记载："山西钱贾，一家辄分十余铺，散布各省，会票出入，处处可通"，就是指的这类钱庄。因为开设票号的多是山西商人，故票号被称为山西票号。

除此以外，在北方有私银冶铸的组织称为"炉房"，兼营存款、放帐、汇兑等项业务，

清同治元年（1862）裕茂恒号钱庄的银钱票

清光绪十三年（1887）的"下忙条银版串"

清圣宗康熙通宝

功能和钱庄并无两样。

清代钱庄发展成熟，为后来银行的建立和发展提供了基础。

清《盛世滋生图卷》中苏州半塘桥商业区，桥下为钱庄。

民间手工业勃兴

清代以来，统治者明确宣布废除元代以来的匠户制度，除豁各直省匠籍，免征京班匠价。这样，官府手工工场所需工人就必须由各地方官征募自愿充役者来充当。由于劳力的不足，清官府手工业渐渐没落，代之而起的是民间手工业的勃兴。民间手工艺在规模和经营形态上都取得了迅速的发展。

棉纺织业是中国总体规模最大的手工业，随着民间手工业的兴盛，在某些地区——以苏州、松江为典型，棉纺织业已发展为商品性生产，但是仍未实现纺和织的分离，故清代棉纺织业未能摆脱传统耕织结合模式中的副业地位，产品大多自用或仅成为地方性市场上的交换品，与丝织业相比，它更具"民间"的性质。

传统的丝织中心苏州、杭州等地到康熙时期已经恢复了明代后期所呈现出的繁荣景象，雍正、乾隆时期更是盛况空前，在此基础上，建立了机工和机户的比较固定的雇佣关系，同时，也存在着大量的临时待雇机工。除苏、杭两地外，广东广州和佛山两地的丝织业也迅速崛起，丝织规模发展甚快，所产丝绸，"金陵、苏、杭皆不及"（乾隆《广州府志》）。清代丝织业的发达，使之有由乡镇向大城市集中的趋势，并伴随着商业资本的发达，商人支配生产的事例也屡见于记载，许多资本雄厚的商人都自设织机雇工经营丝纺织业。

另外，在采矿、冶铸和井盐工业中也出现了规模较大的工场手工业。清朝前期曾有"矿禁"规定，但并未真正取消民营矿冶业。到乾隆时期，禁令全部取消，政府还鼓励提倡民间商人开矿。于是矿业大发展，在陕南、佛山、云南等地出现了规模较大的经营方式。另一项生活必需品盐的生产规模随着人口激增而日益扩大。在18世纪中，全国产盐总量为20亿斤以上，与之相伴随的是盐场规模不断扩大，而盐场所需劳动力大多由雇佣而来。

清民间手工业的兴盛体现于各行各业。民间手工业的勃兴，孕育着资本主义生产方式的萌芽，在文化史上具有深远的意义。

清嘉庆道光年间四川成都制造的蜀锦机

清任熊绘《素女九张机》

清朝

1751 A.D. 清乾隆十六年

高宗南巡，至绍兴，五月回。十月，云南搜集本省各族文字 14 种，分汇成书进呈。

是岁，准噶尔内讧。

1752 A.D. 清乾隆十七年

文学家厉鹗卒。

1754 A.D. 清乾隆十九年

《儒林外史》作者吴敬梓死。

1755 A.D. 清乾隆二十年

三月，以准噶尔各部前后来降，命人往测绘地图。

1758 A.D. 清乾隆二十三年

命兆惠经略回疆，以雅尔哈善统率增援军队助之。

1759 A.D. 清乾隆二十四年

七月，兆惠等次第攻下回疆诸城，奏定设宫、驻兵及征税、铸钱办法。天山南北路遂皆入版图，命将军驻伊犁总统两疆。

1760 A.D. 清乾隆二十五年

三月，于伊犁屯田。

1751 A.D.

英人克莱武（英国东印度公司职员）大败法将杜普勒克斯及其印度同盟军于阿尔科特。法、英两国在印度势力之消长，此战具有决定性。

法国《百科全书》开始出版。

1752 A.D.

富兰克林始发现自然界之电。

1753 A.D.

启蒙哲学家卢梭《论不平等之起源》出版。

不列颠博物院成立。

1755 A.D.

哲学家康德著《自然通史与天体论》。1781 年著《纯理性批判》。1788 年著《实践理性批判》。

孟德斯鸠去世。

1756 A.D.

"七年战争"起。6 月 29 日，在印度加尔各答发生所谓"黑窟事件"，久受压迫之印度人反抗英人。

1757 A.D.

英军在克莱武指挥下击败印度起义军于加尔各答北之普波西。英军向印度勒索巨款，又进行残酷报复。

1760 A.D.

詹姆斯·瓦特始实验蒸汽引擎。

乾隆首次南巡

　　乾隆十六年（1751）正月，以督察河务海防、考察官方戎政、了解民间疾苦以及奉母游览为由，乾隆皇帝效法圣祖康熙六次南巡而首次南巡江浙。

　　乾隆帝先后诏免江苏、安徽、甘肃乾隆元年至十年逋赋及浙江本年额赋，共银 347 万余两，粮 100 万余石。

　　正月十三日，乾隆奉皇太后离京，由陆路经直隶、山东至江苏清口。二月八日，渡黄河阅天妃闸、高家堰，诏准动帑兴修高堰大坝里坝等处石工 73 丈 5 尺。经过淮安，命将城北一带土堤改建石工，以资保障。然后由运河乘船南下，经扬州、镇江、丹阳、常州至苏州，谕三吴士庶各敦本业，力屏浮华。三月，至杭州，

《乾隆南巡图》卷中到达杭州西湖的情景

参观敷文书院，颁赐江浙各书院殿版《十三经》、《二十二史》。然后登观潮楼阅兵，遍游西湖名胜，渡钱塘江至绍兴祭大禹陵。同时谕令原任大学士陈世倌仍旧入阁办事，特赐献诗考中之蒋维植、钱大昕、吴烺等为举人，授为内阁中书。回銮时，绕道江宁（今南京）祭明太祖陵，并阅兵。奉皇太后亲至织造机房观织。随即沿运河北上，至蒋家坝、高家堰阅视河工，定洪泽湖五坝水志。四月，从陆路至泰安，祀岳庙拈香。五月四日，返抵圆明园。此次南巡，从京师至杭州，往返行程水陆共计 5800 里，历时 5 月余。

制定《西藏善后章程》

　　乾隆十五年，藏王珠尔默特又一次发动叛乱，不久即被平定，清朝随后

达赖班禅唐卡像

废除了藏王制，在达赖之下设立噶厦，管理地方行政，以4名噶隆组成噶厦，分理政事。进藏平叛的四川总督策楞，根据乾隆帝的指示，于乾隆十六年（1751）拟定了《西藏善后章程》，对西藏的政治、军事、经济等各方面进行了重大改革。

《章程》其中最重要的是大大提高驻藏大臣的职权。它明确规定驻藏大臣督办藏内事务，地位与达赖喇嘛、班禅额尔德尼平等。自噶隆以下，各级地方官员及管事喇嘛等，都属驻藏大臣管辖。与此同时，清朝还着手整顿西藏兵制，决定在西藏长年驻兵1500名。铸造统一银币，禁止外币在西藏流通。限制租税的预征和乌拉的摊派等等。

这些改革，全面加强了清朝对西藏地方的统治，而且改善了西藏的政治、经济状况，巩固了西南边防。

国家宗教体制形成

清入关建国以来，为了国家的长治久安，他们仍必须依赖包括传统的郊社宗庙祭典在内的中原传统礼乐典制，因此，顺治修礼书参酌往制，康熙时有《日讲礼记解义》，乾隆御定《三礼义疏》，是为清朝制礼作乐的理论依据。《大清会典》、《皇朝三通》规定了皇朝各种制度，《大清通礼》、《皇朝礼器图式》、《满洲祭神祭天典礼》是确定礼典的专书，完善了国家宗教祀典的各种规纪。其宗教政策也大体上沿习明朝，并且使国家宗教体制进一步完备，如极力推崇孔子和儒学，大力提倡尊孔读经，尤重祭孔，继续以程朱理学为官方哲学；同时崇信佛教和道教，而以佛教为重，承认伊斯兰教合法存在，允许天主教士在不违背中国礼仪传统前提下一定程度的合法活动，继续禁止白莲教等各种民间宗教等。

　　凡是国家宗教祭祀,都属于太常、光禄、鸿胪三寺,而综合于礼部统一管理,
只有堂子祭天与内廷祭礼则归内务府司管。清初定制,祭礼分三等:大祀、中祀、
群祀。一年之中有大祀13次,中祀12次,群祀53次。一般来说,大祀中的
天地、宗庙、社稷由天子亲祭,其余的或亲祭或遣官祭之。凡到登基大典、
上尊号、徽号、郊祀、万寿节、册立皇太子以及征讨、凯旋、谒陵、巡狩等,
都要祭告天地、太庙、社稷或祗告奉先殿。

　　祭坛包括圜丘坛、祈年殿(原大享殿)、方泽坛、斋宫、社稷坛、太庙、
朝日坛、夕月坛、先农坛和先蚕坛等,座落方位,建筑材料等各有讲究。祭
设各有定制,仪注多沿用古礼而稍有增减。

　　朝廷一方面靠理学名臣加强对国人的思想钳制,另一方面则加强祭孔的
活动,进一步神化孔子,给孔门披上更浓厚的宗教色彩,将其纳入国家宗教
的范畴。尊孔、祭礼活动愈演愈烈。顺治时,以京师国子监为大学,立文庙,
定称孔子为大成至圣文宣先师,春秋上丁遣大学士行祭,先贤先儒配飨。以
后历代皇帝将祭孔礼仪规定得更为繁复。所有这些都是为了其统治的需要,
即以礼乐治国,图长治久安。

　　所以,清前期的国家宗教体制虽增加了许多的新的内容,但在理论上仍
承袭前代,并无多大创新。

雍正帝祭祀先农坛图

祈年殿，清帝祈祷五谷丰登的主要地方

社稷坛，清帝祭祀五土之神和五谷之神之处

乏坛圜丘，明清两朝皇帝祭天的地方

"花儿"在西北流行

"花儿"在明代已经兴起。清代初年，这种山歌已相当流行。"花儿"的传唱范围在西北地区的贺兰山以南、六盘山以西、岷县以北、日月山以东这一跨越宁夏、甘肃、青海三省、区的宽阔地带及新疆的昌吉回族自治州，是这一地区回、土、撒拉、东乡，以及藏、裕固等民族人民喜爱的一种山歌。在青海又称"少年"，其中的词则称"花儿"，演唱称"漫少年"。

"花儿"种类繁多，根据地理分布、传唱方式及文学、音乐特征等区分，分为两大系统，即洮岷花儿、河湟花儿。洮岷花儿流行于甘肃的洮河流域；河湟花儿流行于黄河湟水流域。洮岷花儿有浓厚的叙述性；河湟花儿则有强烈的抒情性。"花儿"的曲调多以"令"称之。而在令之前，或冠以地名，如《河州令》、《门源令》；或冠以族名，如《土族令》、《撒拉令》；或冠以花名，如《白牡丹令》、《金盏花儿令》等等。每一令旋律大体相同，实际演唱时可以即兴发挥。"花儿"即兴编词，在山野之地独唱或互唱，不在室内或村内唱，故又称为"野曲"。其旋律高亢、奔放、粗犷、刚健，有鲜明的地域性和民族性。辈份不同或有血缘关系者，不能互相对歌。"花儿"的传唱有平日和"花儿会"之分。平日多在劳动场合中漫唱；"花儿会"则是规模盛大的音乐习俗；会期多集中在农历四、五、六月间，以六月初最盛；会场多选择风景秀丽或名山古刹坐落的地方；会期一二天或三四天不等。最著名的"花儿会"有：甘肃康乐莲花山（农历六月二～六日）、岷县二郎山（农历五月十四～十九日）、政松鸣岩（农历四月二十七～二十九日）、青海民和峡门（农历五月五日）、互助五峰山（农历六月六日）、乐都曲坛寺（农历六月十四～十五日）等。

马朝柱起义

乾隆十七年（1752），马朝柱在鄂皖等省散札招军，准备起义，事未成而败露。

马朝柱是湖北罗田县民，又名马太朝，原为湖北蕲州人，移居江南霍山县，与白云庵僧人正修往来。因家贫难以度日，设法聚银，立志反清。经与正修商议，遂托言神人赐梦，获得兵书、宝剑以及明朝君臣后裔的踪迹。正修将这些故事编造成书，到处传播，便有人出银入伙。后来马朝柱又到罗田县天堂寨，开山烧炭、预制铜镜、铜笏、铜枪、旗帜等物，枪上刻"太朝军令"，约众游观。并宣称西洋不日起事、兴复明朝，劝众出银，歃血结盟，一时从者甚众。又有医生胡济修加入，倚为谋士，作《敬神》、《囤粮》等文，还起草檄文一篇，声称西洋大都督吴乘云所颁。乾隆十六年（1751）冬，马朝柱派人在罗田、英山一带开店招人，将檄文、号令、表赞等到处传扬，并秘作诏书一件印制百张，对众开读。乾隆十七年正月，马朝柱将诏书作札散发，广招军卒；同时造兵器、买硝磺，积极准备起义。一时流言四起，引起官府注意，蕲州知州李泌至铁匠王廷赐家起获刀片、白布、拿获李仁宗等人后，马朝柱仍以"太朝军令"印字制旗发往各地，希望分路纠合，同时并举。四月四日，马朝柱率领妻子部众，登上安徽英山天马寨山头，公开起义。两天后官军围剿，山寨失守。马朝柱及一些骨干人员乘乱逃走，不知所终。其余二百余人均被捕获，分别处死、治罪。至此，马朝柱以兴复明朝为号召的起义活动，宣告失败。

两湖平原大建垸田

　　垸田，又称"院田"，也有称为"垣田"的。垸堤的功用是御水，由于它的出现才使过去无法耕垦的土地免于洪灾而得以利用。不过，垸田生产要做到旱涝保收，高产稳产，还需要解决排灌和排蓄的矛盾。所以，开挖排灌渠系，兴建引排涵闸和保留蓄涝湖泊，也是必不可少的水利工程措施。

　　垸田是长江中游两湖平原水乡沼泽地区广泛分布的高产水利田。洞庭湖的垦殖活动历史很早，筑堤围垦，与水争地则始于宋代；明代垸田迅速发展，清代堤垸更是大量增加，清末垸田面积已近 500 万亩。当时人认为它是"化弃地为膏沃，用力少而获利多"（光绪《湖南通志》卷46）。

　　江汉平原的自然地理条件是垸田发展的基础，它是典型的泛滥平原，绝大部分地区的地面高程均在江、湖、河的洪枯水位之间，汛期里则常低于河湖水位。于是，兴建堤防就成为开展垸田生产的前提和必须采取的重要农田水利工程措施，前人往往也把垸堤作为垸田的主要标志。

　　江汉平原垸田的大部分排灌渠道是利用垸内自然河汊，加以疏浚而成，少部分为人工开凿。大垸大多修建了主干与分枝两级渠系，排灌系统较为完善。进水排水涵闸沟通了垸内渠系与垸外水系的联系，一座垸田建闸的多少，视垸田的面积和其自然条件（包括地形、外河水文情况）而定。汛期，当垸外河湖水位高于垸内田面时，则闭闸防止洪水倒灌；待垸外河湖水位下降，低于垸内河渠水位时，就启闸自流排涝。如遇天旱缺水及其他需水的情况，因垸外水资源充沛，又可借外高内低的有利条件，开闸引水自流灌溉。

卢鲁生伪撰奏稿

乾隆十八年（1753）二月，江西抚州卫千总卢鲁生因伪造孙嘉淦奏稿罪，被凌迟处死。

雍正初年，孙嘉淦以翰林院检讨上封事，请"亲骨肉，停捐纳，罢西兵"，以直言敢谏而闻名。乾隆帝即位以后，对孙嘉淦尤为倚重，孙上疏言事，乾隆多予采纳，并授官至尚书、大学士。乾隆十五年（1750），乾隆帝准备首次南巡，令有司预为准备，两江总督黄廷桂供办铺张，督责严苛，使属吏怨苦不堪。当时卢鲁生为抚州卫千总，也虑及办差赔累，希望停止南巡。于是与刘时达等编造奏稿，伪托孙嘉淦之名，拟上呈谏止南巡。全稿长达万言，指斥乾隆帝失德，有"五不可解、十大过"，并遍劾廷臣鄂尔泰、张廷玉、讷亲等。此稿暗为流传，历时两年，及于内地17省。乾隆十八年二月，卢鲁生被查出，随后即被正法。三月，又将刘时达及卢鲁生长子卢锡龄、次子卢锡荣斩监候，秋后处决。另有近千人官吏人等因涉嫌此案而先后被拿问，因督办不力而受处罚的督抚大吏也有十数人之多。

康熙南巡时在江南常州设有行宫，乾隆在宫内树碑，亲笔题字："舣舟亭"。图为常州"舣舟亭"遗迹。

岳钟琪去世

　　乾隆十九年（1754）三月，四川提督岳钟琪病死军中，终年 69 岁。

　　岳钟琪，字东美，四川成都人。初捐纳同知，后改武职，累迁到四川永宁协副将。康熙五十八年（1719），准噶尔部侵西藏，岳钟琪随都统法喇率兵出打箭炉，抚定里塘、巴塘等地，次年攻拉萨，大败策零敦多卜军，平定

雍正年始建的呼和浩特金刚舍利宝塔

西藏，岳钟琪因此擢升四川提督。雍正元年（1723），出兵征青海，岳钟琪率6000 人抚定上、下寺东策卜诸番，剿平呈库、活尔贾二部。雍正二年（1724）授奋威将军，率兵进攻作乱的罗卜藏丹津，出师 15 日，斩首 8 万级，得封三等公，并任甘肃提督。次年，任川陕总督。雍正五年（1727），平定禄万钟、陇庆侯叛乱，将乌蒙、镇雄等地改土归流。七年（1729）

为宁远大将军，率部征讨准噶尔部噶尔丹策零。十年（1792）被劾罢官。乾隆十三年（1748），复起岳钟琪为提督，平息金川叛乱，重封三等公，加太子太保，赐号威信。岳钟琪性情沉毅，富于智略，治军严整，关心士卒疾苦。终清之世，汉大臣拜大将军，满州兵隶麾下受节制，唯岳钟琪一人。岳钟琪逝世后，乾隆帝曾写诗赞其为"三朝武臣巨擘"。

阿睦尔撒纳兵败内附

　　乾隆十年（1745），准噶尔部噶尔丹策零死后，贵族之间为争夺汗位互相戕杀。最后，大策零敦多卜孙达瓦齐在阿睦尔撒纳的支持下取得汗位。

乾隆在平定厄鲁特蒙古准噶尔部叛乱后，十月在承德宴赉和封赏厄鲁特四部的上层首领，并循旧制建普宁寺。

《万树园赐宴图》，描绘乾隆在承德避暑山庄会见厄鲁特蒙古杜尔伯特并赐宴的情景。

　　阿睦尔撒纳是厄鲁特蒙古和硕特部台吉，对达瓦齐的支持一开始就另有所图。二人在合兵突袭伊犁，除掉政敌喇嘛达尔扎后，达瓦齐自立为汗；阿睦尔撒纳则迁往额尔齐斯河地区，控制辉特、杜尔伯特、和硕特三部，扩充势力，并渐露侵夺准部之意。达瓦齐为解除威胁，多次派兵攻打阿睦尔撒纳，但都未能获胜。于是自统精兵三万大举进攻阿睦尔撒纳，又使骁将玛木特领乌梁海兵八千，东西夹击。阿睦尔撒纳想借清朝兵力消灭达瓦齐，而后占据基地。乾隆十九年（1755）秋，阿睦尔撒纳与兄长班珠尔及杜尔伯特台吉纳默库率众内附降清。十一月，乾隆帝在承德避暑山庄召见阿睦尔撒纳等，赐宴抚慰。随后，封阿睦尔撒纳为亲王，封班珠尔、纳默库为郡王。不久，准部骁将玛木特见诸台吉相继内附，也脱身归附清朝。

清军攻克伊犁

　　阿睦尔撒纳率兵内附后，达瓦齐部下也纷纷归附清朝。乾隆决定利用准部内乱时机，再次用兵，完成康雍两朝未竟的国家统一大业。乾隆二十年（1755）春，以班第为定北将军，阿睦尔撒纳为定边左副将军，由乌里雅苏台出北路。以永常为定西将军，萨喇尔为定边

伊犁大城

新疆库车县城西的克孜尔尕哈古烽燧

右副将军，由巴里坤出西路，约期会于博罗塔拉河，两路军各25000，马7万匹，准噶尔各部见清军进剿，望风而降，各台吉、宰桑带领所属接应清军。两军于五月一日会师博罗塔拉河。清军进剿之时，达瓦齐尚在伊犁纵酒为乐，急忙派遣亲信宰桑出令征兵，而自率亲兵万人，退往伊犁西北180里的格登山，阻淖为营，企图抵御。清军擒获其亲信宰桑，后长驱追袭，直捣格登山。五月十四日，清军遣侍卫阿玉锡率轻骑夜袭敌营，达瓦齐率2000余人逃走，余众皆不战而降。后来达瓦齐逾天山，南走回疆，奔投乌什，为城主霍吉斯擒获。与此同时，青海叛酋罗卜藏丹津也被清军俘获。二人同被槛送京师，乾隆帝亲御午门受俘，赦免他们死罪。又封班第为一等诚勇公，萨喇尔为一等超勇公，霍吉斯为郡王，阿睦尔撒纳为双亲王。为此，乾隆命令在格登山树碑纪功，并亲撰碑铭文字。

胡中藻诗狱

乾隆二十年（1755）三月，乾隆为打击朋党势力，亲自制造了一起文字狱，将胡中藻斩首。

胡中藻，江西新建人，已故大学士鄂尔泰门生，曾任翰林学士和陕西、广西学政。鄂尔泰、张廷玉辅政时，二人各立门户，自成派系。而其门生也党同伐异，互相攻讦。乾隆帝对此极为反感，欲借文字狱，惩一儆百，打击朋党势力。三月十三日，乾隆帝颁布谕旨，称胡中藻诗中有"一把心肠论浊清"一句，把"浊"字加于国号之上，居心不良。并说胡中藻在典试所出经文题内有"乾三爻不象龙"之说，认为乾隆乃皇帝年号，龙与隆同音，此句显然有诋毁之意。再有"并花已觉单无蒂"句，指为讥刺孝贤皇后之死等等。最后，乾隆帝斥责胡中藻鬼蜮为心，语言吟诵之间，肆行悖逆诋讪，实非人类所应有。于是胡中藻斩首弃市，鄂尔泰撤出贤良祠，不准入祀，曾与胡中藻互相唱和的鄂昌（鄂尔泰之侄）也被斥为负恩党逆，赐令自尽。自胡中藻诗狱兴后，讦告诗文之事更加纷起。

全祖望去世

乾隆二十年（1755），文史学者全祖望因病去世，终年51岁。

全祖望像

全祖望（1705～1755），字绍衣，浙江鄞县人，学者，人称谢山先生。乾隆元年，荐举博学鸿词，又成进士，选翰林院庶吉士。后因不肯逢迎权贵，为当权者排斥，散馆列下等，以知县用。后辞官归里，专心著述。他家境贫寒，衣食难继，而笔耕不辍，写出许多重要的著作。著有《鲒埼亭集》、《外编》、《诗集》、《经史问答》等，并曾七校《水经注》，三笺《困学经闻》。

全祖望重人格气节，生平推崇黄宗羲，并承黄氏遗志，从42岁起，经过10年辛勤努力，续修完成《宋元学案》，为研究学术史作出了贡献。他还致力于宋末和南明史事及浙东乡土文献的搜集与整理，为明末清初抗清死节的忠贞之士、耆旧先贤、进步学者，撰写碑铭志传，表彰他们的民族气节和高尚品质。记述其学术流派、造诣及品行，对后人了解明末清初的学术思想史大有裨益。全祖望还曾先后主讲蕺山书院和端溪书院，并借抄《永乐大典》，使世人知道该书的重要价值。

惠栋开吴派汉学

吴派作为乾嘉汉学的一大流派，导源于吴县惠周惕而以惠栋为开创者。因惠栋与其弟子大都是苏南人，故称"吴派"。

惠栋（1697～1758），字定宇，号松崖，江苏吴县人，他深受祖父周惕和父亲士奇的影响，精于易。著有《周易述》、《九经古义》、《古文尚书考》、《春秋补注》、《明堂大道录》等书。他以复兴汉学为己任。他的《周易述》专言汉《易》，以虞翻、荀爽为主，再参照郑玄、宋咸、干宝诸家的观点，融会贯通，为《周易》注疏。他以古字更易魏晋以来更换成的俗字，曾订正《易经》70余字，使所撰《周易述》渊博古雅，后人对此评价很高，说"汉学之绝者千有五百余年，至是而粲然复章矣"。他在《周易述》中运用的通过古字古音以明古训，通过古训以明古经的治经方法，奠定了清代汉学的治经基础。

他继承了清初顾炎武等人的反理学传统，成为其学术思想中具有积极意义的一面。他明确指出理学的"先天、无极之说，皆不可用也"，起了反对理学唯心论的作用。他又提出自己对"理"的见解，理是物的属性及表态，有兼两（指事物对立的两个方面）的意义，如方圆、短长、坚脆、好恶等。也由此反对理学家把理和欲对立的观点，富有启发性，对当世和后来反对理学"灭人欲"的学术思想起了有益的作用。

惠栋还接受了汉时的明堂思想，希望通过"明堂"制度推行教化，实现天下太平，万物各得其生，各得其长的社会理想。他的《明堂大道录》充分体现他的这种思想。

惠栋努力复兴汉学，为当世经学家所敬仰，他所开创的乾嘉吴派，有王鸣盛、钱大昕和惠栋的及门弟子江声、余萧客以及再传弟子江藩等。此派的学风是详博见长，信古尊汉，成绩在于搜集散佚的汉儒旧说，供给考据学家以丰富的材料。章学诚把此派比作吃桑叶不吐丝的蚕。

乾隆二十三年（1758），惠栋去世。

玻璃工艺繁荣

我国的玻璃工业生产在清代中叶十分繁荣，玻璃生产的产地分布很广，主要有清宫内廷玻璃厂、山东博山县、广州和苏州等地，不但玻璃产量和品种有较大的发展，而且在工艺制作上也达到了较高的水平。

关于清代玻璃的产量，可以内廷玻璃厂为例作一说明。嘉庆年间，内廷

玻璃厂规模虽已不如乾隆时期，但在嘉
庆初期，每年年节都要贡进玻璃盘碗盅
碟 181 件，玻璃鼻烟壶 120 件；嘉庆后
期改定年节贡进盘碗盅碟 100 件，鼻烟
壶 60 件；还不包括其他的玻璃制品，如
典章用品、室内陈设、文房用具、装饰
品等。至于玻璃制品的种类也很多。据
造办处活计档的记载，内廷玻璃厂制品
有玻璃杯、盅、杯、镜、念珠缸、笔洗、瓶、
如意等等，如果加上颜色与装饰的变化，
种类就更多得不胜枚举了。

　　清代玻璃工艺制作水平很高，生产
玻璃的用料种类、各种玻璃的不同配方
以及熔炼成型加工技术都比前代有所提
高和改进。

蓝玻璃刻花蜡台

　　玻璃烧制的用料有所增加。据清内
廷造办处活计清档的记载，乾隆十七年
（1752）十一月至次年三月烧造玻璃灯、
玻璃缸等 22 件玻璃器时，所用原料就有
马牙石、盆硝、硼砂、砒霜、紫石、顶园紫、
定粉、赭石、青紫、轿顶锡、开平土、
红铜末、金叶等。另外博山玻璃用料种
类也十分丰富。

　　清代各玻璃厂对各种玻璃烧制的用
料配方积累了许多经验，并已能根据不
同的用料配方生产出不同颜色的器物。

金星玻璃天鸡式水盂

如生产无色透明的水品玻璃配方是"白五之，紫一之，凌子倍紫"，蓝玻璃
配方为"白三之，紫一之，去其凌，进其铜，去其铁"。据专家统计，清代
玻璃器的颜色多达 20 多种。

　　玻璃成型加工技术在清代有两种，一种是普遍的成形加工，另一种是特

白地套红玻璃云龙纹瓶

白地套蓝玻璃朝冠耳炉

透明玻璃水丞

黄玻璃碗

黄地套绿玻璃瓜形盒

殊加工。普通成形加工又分两种，实心玻璃器成型方式与空心玻璃器不同，后者用吹制法，吹力大小缓急都有讲究，"吹圆球者，抗之；吹胆瓶者，坠之。一俯一仰，满气为圆，微气为长……"，实心玻璃器成型方式因造型不同而各有规矩，"围棋滴之，风铃范之，料方亦如之。条珠缠之，细珠写之，大珠缠之夏之。簪珥惟错，……"。特殊加工目的是提高玻璃器的艺术价值和审美功能，其技术大多吸收陶瓷、漆器、玉石、铜器等的加工工艺，如纹丝、金星料、点彩、夹金、夹彩、套料、雕刻、描影、泥金、珐琅彩等。

清军再定准噶尔

乾隆二十年（1755），达瓦齐平定后，内附清朝的阿睦尔撒纳的分裂野心开始暴露。当年八月悍然发动叛乱，立汗廷于博罗塔拉河。清廷闻讯后立即派兵征讨，但由于将军策楞、参赞大臣玉保犹豫轻敌，至使伊犁得而复失，阿睦尔撒纳继续作乱。二十一年（1756）四月，清廷另派达尔党阿、兆惠负责平叛事宜。年底，兆惠以1500兵自济尔噶朗河转战而南，沿途杀敌数千。二十二年（1757）正月，至乌鲁木齐地区，因连日征战，军粮不继，被叛军包围。恰巧侍郎图伦楚率巴里坤兵来迎，方才解围。兆惠得新兵，剿平巴雅尔部，回到巴里坤。三月，叛乱的厄鲁特诸部发生内讧，并流行痘疫。兆惠等乘势进兵，累战皆捷，对参入叛乱的台吉、宰桑及其部属尽行杀戮，诸部首先后败死，准部大致平安。阿睦尔撒纳闻知清军所向披靡，便从博罗塔拉河向西逃窜。兆惠穷追不舍，至哈萨克部。其汗阿布赉已与阿睦尔撒纳生衅，又惧怕清军，遂决定擒之以献清廷。阿睦尔撒纳闻讯惊逃，携8人徒步入俄罗斯境。八月，阿睦

清人绘《平定准噶尔图卷》（局部），描绘清军进军伊犁，平定达瓦齐叛乱的情景。

尔撒纳患痘死。几经交涉，俄国于次年正月，将其尸体送至恰克图，清廷派人相验无误。至此，持续 3 年之久的平叛战争宣告结束，准噶尔部再次平定。

乾隆第二次南巡

《乾隆南巡图》德州演戏部分

《乾隆南巡图》前门启程部分

乾隆二十二年（1757）正月，乾隆帝奉皇太后启銮出京师，开始第二次南巡。

二月五日，渡河，至天妃闸，阅木龙。十三日，渡江，诣范仲淹高义园。二十日，至苏州府，奉皇太后临视织造机房。阅兵于嘉兴府后教场及石门镇。二十七日，奉皇太后至杭州府，传谕兵营今后只许用钲鼓铜角。三月十八日，奉皇太后至江宁府，亲祭明太祖陵。二十八日渡河。四月四日，至徐州阅视河工，见所过桃源、宿迁、邳州、睢宁等处，百姓鹑衣鹄面，相望于道，遂降旨赈期展至五月，截留漕粮，以备平粜，又将积欠籽种、口粮全行免去。随后亲阅高堰、清口、徐州等处工程，与司河务诸臣筹酌，将所有应疏应筑各项，以工代赈，同时并举，分任大臣，以专其事。五日，至孙家集阅视堤工，命将高堰、武象墩面北一带河堤改用砖砌。六日，渡河，至荆山桥、韩庄闸巡视。十日，至曲阜谒孔林。二十六日，还京师至圆明园。

相声形成

相声大约于乾隆年间（十八世纪中叶）形成。它最初流行于北京、天津地区，20 世纪 30 年代，相声演员开始到南方演出。在相声形成的过程中，广泛地从

大清盛世时期

口技、莲花落、把式（武术）、戏法儿、说书等艺术中汲取营养，融汇其他艺术的长处，丰富了相声的表演艺术。相声的特点是寓庄于谐，即运用轻松诙谐的形式表现严肃的主题。它的特殊表现手段"包袱儿"，是根据促使人们发笑的心理作用和艺术手法而组织起来的笑料。

相声表演方式分单口（一人独说）、对口（二人合说，一为逗哏、一为捧哏）、群活（三人合说，也有三人以上合说的）。

一段相声通常由以下部分组成："垫话儿"、"瓢把儿"、"活"、"底"。这大致与文章的引子、过渡、正文和结尾相当。垫话儿的作用是在撂地演出时招徕和等待观众，或在剧场中吸引和集中观众注意力。于是"瓢把儿"成了"引子"。"活"是一段相声的主要内容，"底"是用以结束全段表演的"包袱儿"。

对现代相声的发展和趋于成熟有重要贡献并起到承前启后作用的艺人，有

清玩具大阿福

皮影《闹社火信子牛车》

清末民初的马麻子、朱绍文（艺名"穷不怕"）和继起的李德锡（艺名"万人迷"）、焦德海、张寿臣等人。

平定回疆

乾隆二十二年（1757）五月，占据喀什噶尔和叶尔羌的回部大小和卓布拉尼敦、霍集占杀掉前往招抚的清军副都统阿敏道，自立为汗，发动叛乱。乾隆二十三年（1758），乾隆下令征讨，至乾隆二十四年十月，回疆平定。

乾隆二十三年正月，乾隆帝将霍集占兄弟的罪状宣谕回部各城，命雅尔

哈善为靖逆将军，额敏和卓、哈宁阿为参赞大臣，顺德讷、爱隆阿、玉素布为领队大臣，率师征讨。五月，雅尔哈善等统满汉官兵万余人，由吐鲁番进至库车城下，发动进攻。叛军据城固守，清军屡攻不克。霍集占兄弟千里来援，清军截击，两战皆胜，霍集占引残部逃入城内，闭门不出。雅尔哈善未能乘机强攻，而是围城绝粮待其自毙。六月初，霍集占率四百余骑乘夜逃脱。八月，守城敌将阿布都克勒木乘清军不备，又率四五十骑夜遁。结果库车城内所余老弱3000余口，二十五日出降。雅尔哈善围攻3月，仅得一空城。乾隆帝得讯，十分震怒，命将顺德讷、雅尔哈善处死。两和卓逃出库车城后，清廷命定边将军兆惠移师追击。八月，兆惠率前锋驰抵库车城。当时两和卓逃往阿克苏、乌什，均闭城不纳。于是，小和卓霍集占回叶尔羌，大和卓布拉尼敦据喀什噶尔，欲互为犄角，负隅顽抗。兆惠一路追击，先后抚定阿克苏、沙雅尔、乌什、和阗等回部诸城，大伯克霍集斯等率部归顺。此时清军尚未到齐，兆惠使副将富德留驻阿克苏，以待援军继进，自领4000马步兵进逼叶尔羌。十月，抵辉齐阿里克，距叶尔羌城40里，于城东黑水河有水草处结营自固。霍集占叛军万余，挖沟筑垒，包围清军，并施以炮击、水淹、偷袭。兆惠临危不乱，砥砺将士，坚守待援，与敌相持3月有余。

黑水营解围图

次年正月六日，富德率军援应，兆惠带领兵士奋力突围。十四日，两军会师，霍集占军大败，黑水营围解。随后，兆惠、富德调集各路援师，兵分两路：兆惠进取喀什噶尔，富德攻打叶尔羌，每路将士各15000名。清军粮草充裕，士气高昂。当时大小和卓各据孤城，自率几百人越葱岭逃往巴达克山。当年（1759）七月十日，兆惠、富德抚定喀什噶尔、叶尔羌。二十二日，兆惠抵达喀什噶尔城，安抚回众，并将设官、定职、贡赋、铸钱及驻兵分防等事宜列款见奏。十月，巴达克山部首领素勒坦沙将大小和卓擒杀，函其首而献于清军。至此，回疆平定，天山南路统一。

清朝

1763A.D. 清乾隆二十八年

九月，命科布多屯田。朗世宁作画。

1764A.D. 清乾隆二十九年

《红楼梦》作者曹雪芹卒。

1765A.D. 清乾隆三十年

正月，高宗南巡，至海宁，四月回。

数学家明安图、文艺家郑燮去世。

1766A.D. 清乾隆三十一年

十二月，大清会典成。

1767A.D. 清乾隆三十二年

二月，开馆修《续通志》、《通典》及改订所修《续文献通考》。

1768A.D. 清乾隆三十三年

正月，明瑞阵亡，入缅之军败退，额勒登额以逗留贻误，五月，凌迟处死。

1769A.D. 清乾隆三十四年

七月，傅恒督师入缅。文学家沈德潜卒。

1770A.D. 清乾隆三十五年

平定准噶尔方略成。

1762A.D.

俄罗斯伊丽莎白卒，彼得三世嗣位，立即命俄军退出东普鲁士，并协助普王腓德烈进攻奥军。七月，政变起，彼得被幽禁，旋丧命。其妻嗣位，称凯塞琳二世（大帝）。

卢梭之《爱弥儿》与《民约论》出版。

1764A.D.

英东印度公司任命克莱武为孟加拉总督，克莱武利用本地王公之互相矛盾，用印度人攻击印度人，进行侵略蚕食，扶植傀儡，镇压人民，并大规模掠夺印度人民财富，据为己有。

哈格里夫斯发明新式纺车，同时可纺纱8根（其后改良至100根），由此引起一系列之发明，使纺织业之生产力大为提高，产业革命即导源于此。

1767A.D.

印度迈索尔国权臣赫德尔·阿里发动反抗英人侵略战争，是为第一次迈索尔战争。

1768A.D.

阿克奈特发明织布机。

1769A.D.

詹姆斯·瓦特改良蒸汽机初步成功，获得专利证。

乾隆帝第三次南巡

乾隆二十七年（1762）正月初二日，乾隆帝第三次南巡。行前，诏免江南三省积欠钱粮。十二日，离京，免经过直隶、山东地方本年额赋十分之三，受灾地方十分之五。二月，赈江苏高邮、安徽太和等十六州县水灾。八日，奉太后渡河，阅清口东坝、惠济闸，登舟巡视河堤。十五日，对两淮盐商恩赐有加。十七日，至焦山阅京口水师。至苏州，谒文庙行礼。三月一日，奉太后至杭州。次日，至海宁阅海塘，旋登观潮楼，阅福建水师。赐浙江诏试

乾隆二十六年（1761），黄河决口十五处，乾隆帝曾亲临指挥治河工程。图为封丘当年决口处的坑塘遗迹。

贡生沈初等二人举人，进士孙士毅等二人并授内阁中书。十日，临视织造机房。二十六日，祭明太祖陵。幸两江总督尹继善官署。赐江南诏试诸生程晋芳等五人举人，与进士吴泰来等三人并授内阁中书。二十九日，渡江。四月，阅高家堰，谕令济运坝至运河口五百余丈土堤一律接建砖工，并规定高堰五坝水志。回銮至河，命庄亲王允禄等奉皇太后，由水路回程。自登陆由徐州阅河工。旋阅峄山湖，至

邹县祭孟子庙。再至孔庙行礼，谒孔林，登泰山，至玉皇顶拈香。免山东齐河等四十四州县卫所上年水灾额赋。至德州行宫，迎送皇太后登舟，命刘统勋会勘景州疏筑事宜。五月，至涿州，赈灾免赋。四日，回京住圆明园。

江永去世

乾隆二十七年（1762），经学家、音韵学家江永去世，终年82岁。

　　江永，字慎修，安徽婺源人（今属江西），以礼学、音韵学、乐律、历算诸学的考证著称。礼学以《周礼疑义举要》最精，对经义多有阐发，解释《考工记》尤为精赅。天文历算之书，则首推阐发梅文鼎之学说，而使之愈加详明，并纠正其疏漏。音韵学方面，定古韵为平上去十三部，入声八部，著述《古韵标准》，成为清初音韵诸书中最有系统的著作。又著《四声切韵表》，考究切韵，对入声分析尤为详尽。至于音乐之作，如《律吕新论》、《律吕阐微》，运用算学知识，考订推算，分析精微。乾隆问诏推举明经之士，有人举荐他，他辞谢不就。除上述著作外，尚有《七政衍》、《历学补论》、《推步法解》、《礼书纲目》、《河洛精蕴》、《近思录集注》、《四书典林》等数十种之多。礼学、算学、音学在清代形成专门学问，江永均有贡献，故受到乾嘉诸大师的尊敬。

清家具风格开始形成

　　清代内务府造办处设有木作坊，专门按皇帝的要求制作各种家具。清初宫廷使用家具多仿明代式样，但又出现了新的作法、新的造型和新的装饰。据史籍记载，康熙年间供奉内廷的刘伴阮（名源）是一位多才多艺的艺术家，他曾创制过新型木器。李渔也是这样，他既是戏曲家，又精于园艺设计与室内装饰，在《笠翁偶集》中他主张桌子要多安抽屉，立柜要多加阁板和抽屉。他的主张影响了清中叶流行的家具式样。还有一位家具设计大师大汕，他是广州长寿寺的主持，常常以花梨、紫檀、点铜、佳石制作造型别致的椅、桌、屏、柜、盘等器物，送给当地官员，无不受到赞赏。他的家具制作对后来的广式家具很有影响。此

紫檀蝠磬纹大罗汉床

剔红百宝嵌屏风宝座

紫檀嵌桦木扶手椅

黑漆金扫龙纹交椅

紫檀裱云龙纹缂丝宝座

孔府孔子第七十六代孙孔令贻和大夫人陶氏
的卧室。室内布置，除床、几、柜外，还有
梳妆台。

外，在雍正年间供奉内廷造办处的海望、年希尧等也是家具设计师，对家具造型的创新作过一定贡献。

到乾隆时期，内务府造办处聚集很多来自各地的木匠，主要有广东与苏州两大流派。在他们的直接作用下，清代家具开始出现新的式样和新的装饰风格。乾隆时的清宫家具大多用料精良，造型新颖，制作精细，综合运用多种工艺手法，除彩画、雕刻外，还广泛吸收漆艺装饰手法，甚至还镶嵌珐琅、瓷片、玉石、螺钿等，装饰富丽堂皇，反映了清代宫廷的艺术趣味。

　　嘉庆、道光以后，宫廷家具工艺水平逐渐下降。到清末，民间家具开始兴起，出现了"京做"、"苏做"、"广做"等三种地方特色浓厚的家具体系。"京做"产于北京，直接继承清宫廷家具，但不及宫廷家具精细豪华。"苏做"产于苏州，固守明代家具传统，风格有所变化。"广做"产于广州，受西方影响，品种增多，系列成套，雕刻繁缛，打磨光滑，刷漆明亮，仍保持着中国传统风格。清末广式家具大量出口海外，对西方家具有很大影响。

维吾尔族清真寺兴盛

　　清初，当回族清真寺形成独特构筑艺术风格之际，维吾尔族清真寺也十分兴盛，形成了与回族清真寺有较大差异的构筑体系。

　　维吾尔族主要居住在中国新疆地区，南疆则更为集中。由于这一地区干旱少雨，冬夏分明，历史上又与中亚交往甚密等诸种原因，木柱密肋式平面土房或土坯及穹窿顶的建筑是其建筑的主要面貌。这里的礼拜寺及礼拜殿多采用非对称式的布局，无严格的轴线对位关系，主殿呈横长形状，分内殿和外殿，分别供冬、夏季礼拜之用，穹窿顶形式在有些寺院被保留。维吾尔族清真寺内一般都有较大的庭院，院内

新疆喀什艾提卡尔礼拜寺礼拜殿门龛

广场上的主景建筑为高大的穹窿顶拱门及邦克楼，华丽而醒目，庭院的入口一般就设在这里。

　　维吾尔族清真寺装饰一般简洁、明快、开敞，较少神秘感，礼拜殿内柱梁构架完全坦露，排列规整却平面简单，柱身一般用绿、赭、蓝等色装饰，天棚为白色，墙壁多为乳黄色或灰色。圣龛、藻井、花窗、柱头等部位装饰相对华丽。图案多为几何纹样的小木条组成，有斗方、卍字、套环、套八方等。这种藻井装饰为维吾尔族所特有。维吾尔族清真寺的柱身装饰随着时代的不同而不断发生变化，早期寺院柱子雕饰较少，柱头无雕刻，晚期则明显可分

出柱头、柱身、柱裙之部分，柱头用放射状的小尖拱龛点缀，形同盛开的花朵，柱身、柱裙也富于装饰，并列、对称、交错、循环等构图方式被广泛运用，使图案变化无穷。

维吾尔族清真寺最杰出的构筑就是型砖拼花技术，高达40余米，吐鲁番额敏塔的塔身拼砖图案，纹饰富于变化，且随塔身直径的收缩率而调整型砖尺寸及砌筑灰缝，仍保持图案构图的完整。维吾尔族清真寺刚真中不失纤巧，在中国建筑装饰图案中别具一格。

戴震开皖派汉学

明末清初，宋学衰微，古文经学渐趋复兴。至乾隆、嘉庆之际，考据之学大兴，史称乾嘉学派，戴震创建的皖派汉学即是其中一大流派。它较乾嘉学派的另一大流派吴派为晚出，但后来两派并立，相互影响，互为师友，成为乾嘉汉学的两大支柱。

戴震（1724～1777），字东原，安徽休宁（今安徽屯溪）人。他年轻时，师事婺源学者江永，学习声律、音韵、文字、历数、典礼等。40岁中举人后，屡次会试都落第。51岁时经纪昀等名学者推荐入《四库全书》馆任纂修官，校订天算、地理诸书。两年后，乾隆赐他同进士出身，任翰林院庶吉士，继续编纂《四库全书》，直至病逝。

戴震是乾嘉汉学中的杰出代表，乾嘉皖派的创始人，清代中期卓越的思想家、考据学家和自然科学家。他的著述很多，涉及音韵、训诂、哲学、伦理、天文、算学、地理、方志等各个方面。其中音韵训诂之作有《诗经补注》、《毛郑诗考证》、《孟子字义疏证》、《声韵考》、《声类表》、《方言疏证》等；在哲学和伦理方面，《原善》、《答彭进士允初书》、《孟子字义疏证》，而后者又是其中力作。他在音韵学上创意很深，在顾炎武、江永的基础上，创出了古音九类二十五部说和阴阳人对转的理论；在名物训诂上，能从文字、音韵、训诂入手求取古代经典的义理，做出相当的成就，对皖派弟子影响很大。他还开创了"由字以通其辞，由辞以通其道"的皖派学风。不过后来的汉学家走向"由字以通其辞"而不论"由辞以通其道"，单纯为考据而考据的方向。

在戴震的代表、引导下，皖派学风的共同特点是实事求是、无征不信，既能治学深严，条理细密，又富有求实创新精神。这一派的重要人物，还有程瑶田、段玉裁、王念孙、王引之等。他们专力经学，旁及文字、音韵、训诂、天算、地理、考古、校勘、金石、乐律、制度等很多方面。如段玉裁的《说文解字注》，王念孙的《广雅疏证》、《读书杂志》等，王引之的《经义述闻》、《经传释词》等，都是清代经学或小学上的名著，对学术界有重大贡献。

皖派汉学发展到段、王氏父子时，已经没有了反理学的思想内容，更不涉及政治，失去了清初汉学的原旨，形成了一个完全脱离社会实际，只埋头于单纯的考据，缺乏理论思维深度和理论批判力度的考据学派。但其中以汪中和阮元为特例，他们还是继承了顾炎武、戴震等的汉学传统，在一片偏枯、繁琐的训诂考据风气中，以训诂为义理服务，显示了关切社会政治文化的活力。

金农作漆书

"漆书"是中国古代书画史上的一朵奇葩，为清代著名书法家、画家金农所创。

金农（1687~1764），字寿门，号冬心，别号甚多，有司农、金二十六郎、稽留山民、昔耶居士、曲江外史、龙梭仙客、百二砚田宣翁、心出家粥饭僧、金吉金、荆蛮民等。浙江仁和（今杭州市）人。与丁敬、吴西林合称浙西三高士。乾隆元年（1736）荐为鸿博，因不为朝廷所用，心情抑郁，因此出走齐、鲁、燕、赵等地。嗜奇如古，收金石文字千卷，醉心于书碑帖文。50岁开始学画，涉笔即古，脱尽书家之俗气，自成一家。其山水花果之画更是布置幽奇，类染间冷，非尘世所能多见。晚年居扬州，为著名的扬州八怪之一。

金农的字画刻意创新。尤其是书法，或行或楷，在广泛吸取名碑篆刻的基础上，风格独特。运笔或扁或方，往往是竖轻横重，苍劲有力，古朴圆润，别具奇趣，自称为"漆

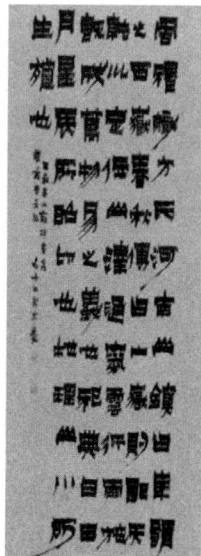

金农手迹《节临西岳华山庙碑语》

书"。世人评价其书从《天发神谶碑》、《国山碑》、《各郎碑》变化而来，行、楷之间，别具一格。金农之画，因其文学修养较高，所见古代名画亦多，加之书法功底深厚，往往出手便非同凡俗，具有鲜明的个性特色。所画《山水人物册》、《山水册》、《月华图》、《携杖图》等都是我国古代绘画中的精品。金农论艺术，主张独创，反对因袭。他曾说："冬心先生年逾六十始学画竹，前贤竹派，不知有人，宅东西种植修篁约千万计；先生即以为师。"他这种重创新、重实际的创作风尚给后世书画以巨大影响。

乾隆二十九年（1764），金农去世。

刘一明修炼

刘一明（1734～1821），号悟元子，山西曲沃人。他精通内丹学、《易》学，还通医学。他的著述很多，如《修真九要》、《修真辨难》、《悟真阐幽》、《周易阐真》等，辑为《道书十二种》，流传很广，是清代内丹学的重要著作。

刘一明主张性命双修。《修真九要》中他将内丹之功分为"九要"，即勘破世事、积德修行、尽心穷理、访求真师、练己筑基、和合阴阳、审明火候、外药了命、内药了性。他认为修炼首先必须摄心炼性，断绝尘缘，诚心专志。修炼之前要积德行善，涵养道德，潜心钻研，穷究实理，辨明真假工夫。一定要有真师指点修炼。

《修真辨难》分上下两卷，上卷《修真辨难》，下卷《修真后辨》。上卷主要以问答的形式解释道、阴阳、性命、还丹、火候、结丹等修炼中的问题。《修真后辨》

清代册页画《见美人气倒图》，中医病因学有"内伤七情"之说，认为过度的喜、怒、忧、思、悲、恐、惊均可伤生致病，图中所绘为一妇人见其夫新纳之妾容颜艳美而妒恼交加，以致气闭昏倒。

气功静坐图

则采取专题论述的形式，深入讨论了先天后天精气神、先天真一之气、真假身心、真假性命、先后天阴阳、内外五行、内外药物、大小还丹、运用吉凶、前后炉鼎、内外火候等 26 个问题。

缅甸入侵

乾隆三十年（1765），缅甸入侵中国，清廷派兵征讨，乾隆三十四年（1769），缅王请降。

缅王莽纪觉时，其诸部内讧，屡扰滇境。孟驳继位后，势力大为扩张。乾隆三十年，缅军进攻中国九龙江橄榄坝，占领车里土司城。云贵总督刘藻发兵防卫，三路皆败。清廷调杨应琚为云贵总督，率军击退缅军进犯。但杨应琚急于奏功，领孤军深入缅境，反遭败绩。三十二年（1767），清廷又命明瑞为云贵总督，兼征缅将军。当年十二月，明瑞率兵一万二千，造桥渡江，穿山越林，破象阵，夺木寨，克蛮结，一路大败缅军。随后深入缅境追敌，却因粮草不继而陷入重围。三十三年二月，清军兵败木邦，明瑞战死。

对缅战争一再损兵折将，使乾隆决计大举进攻。他下令从东北、福建、四川、贵州等省调拨水陆官兵 4 万余名前往云南待命，拨银 200 万两、马 5 万匹以济军需，又调集各地火炮及避暑祛瘴药物等送往军前备用，然后于三十四年二月，正式授傅恒为经略，督师云南，又调阿桂为云贵总督。傅恒至滇后，兵分三路：北路出戛鸠，南路出猛密，另一路顺江而下，会师新街，合攻老官屯，进破阿瓦。七月，傅恒克猛养；十月一日抵新街。阿桂亦率兵挺进。二十二日，傅恒、阿桂军分张两翼，由江岸左右攻击，大损缅军船只、木寨，进逼老官屯。缅军悉力拒守，傅恒等奋力进击，但一时不能克敌，双方损失惨重。十二月七日，缅王孟驳遣使至军前请降。乾隆闻报，命令撤军议和。兵事因此平息。

乾隆第四次南巡

乾隆三十年（1765）正月，乾隆帝开始第四次南巡。行前，诏免江苏、安徽、浙江三省历年因灾未完地丁、漕项银两。十六日，奉皇太后由京师出发，免直隶、山东经过州县本年额赋十分之三。二月，渡河，阅清口东坝木龙、惠济闸。闰二月一日，至苏州，谒文庙。七日，奉皇太后至杭州，至海宁阅塘工，命将五百三十丈绕城石塘，全部筑成三层坦水。观潮后，回杭州。加沈德潜、钱陈群太子太傅。三月，幸焦山，奉皇太后驻跸江宁府，亲至明太祖陵奠酒，临视尹继善署。十一日，奉皇太后渡江。阅高家堰堤工，奉皇太后渡河。召尹继善入阁办事。四月十二日，驻跸德州，命简亲王丰讷亨等奉皇太后从水路回程。乾隆帝由陆路，于二十一日返京。二十四日，迎皇太后居畅春园。此次南巡，在时间和路线上与第三次大体相同。

乌什回民起义

乾隆三十年（1765）二月，新疆乌什回民起事，清廷派兵镇压，起义于八月失败。

清廷派驻乌什办事大臣、副都统素诚作威作福，苦累回民。乌什阿奇木伯克阿布都拉，贪婪暴戾，无恶不作。回民与官府的矛盾日益尖锐。乾隆三十年二月，素诚强征当地回民240人运送沙枣树，却不告知运送地点。运送夫役询问，反遭鞭打。回民推举赖和木图拉为首领，于十四日夜发动起义，进攻驻守乌什的清军。素诚和阿布都拉登山抗拒，被起义军包围。素诚被杀，阿布都拉被擒。清廷阿克苏办事大臣卞塔海、喀什噶尔参赞大臣纳世道先后派兵攻打起义回民，均大败而归。伊犁将军明瑞奉命统兵抵乌什，分兵从城东、西两面夹攻。八月十五日，明瑞督兵竖云梯登城，经过激战，城被攻陷。清兵入城，尽诛丁壮，并将幼童及妇女发往伊犁。起义遂告失败。

大清盛世时期

定巡查与俄国疆界例

乾隆三十年（1765）八月二十日，根据黑龙江将军富僧阿等奏请，清政府定巡查与俄罗斯疆界例：自黑龙江至格尔必齐河口，计水程1697里，自河口行陆路247里至兴堪山；自黑龙江入精奇里江（今结雅河），北行至托克河口，计水程1587里，自河口行陆路240里至兴堪山；自黑龙江经精奇里江，入西里木第河口，复过英肯河，计水程1305里，自英肯河口行陆路180里至兴堪山；自黑龙江入钮曼河（今布列亚河），复经西里木第河入乌默勒河口，计水程1615里，自河口行陆路456里至兴堪山。呼伦贝尔与俄罗斯接壤之额尔古纳河，处处设有卡座，直至珠尔特地方。自珠尔特至莫里勒克河口，添设二卡；于索博尔罕添立鄂博。黑龙江城与俄接壤处，有兴堪山绵亘至海。以上地区，每年派官兵，于六月由水路与捕貂人同至托克、英肯两口及鄂勒布、西里木第两河间遍查，呈报将军；三年派副总管等于冰解后，由水路至河源兴堪山巡查一次，最后均报兵部备案。

天算学家明安图去世

乾隆三十年（1765），天算学家明安图去世，终年73岁。

明安图，字静阉，蒙古正白旗人。幼年即选为官学生，入钦天监学习，为康熙亲自培养的天文数学方面的人才，曾参与《历象考成》、《数理精蕴》等书的编纂。康熙年间来中国的法国传教士杜德美，曾向中国介绍过西方新的数学成就割圆三法，包括圆径求周，弧背求正弦，弧背求正矢。但对于"立法之源"却秘而不宣。明安图遂发奋钻研割圆术和求圆周率的新方法，积累三十余年，写出《割圆密率捷法》初稿。该书不仅独立地论证了杜德美不肯说出的三种方法的"立法之源"，而且创造了十个新公式，合前总称为割圆十三术，即圆径求周，弧背求正弦，弧背求正矢，弧背求通弦，弧背求矢，通弦求弧背，正矢求弧背，矢求弧背，正弦求弧背，余弦求正弦正矢，余矢余弦求本弧，借弧背求正弦余弦，借正弦余弦求弧背。明安图的这些论证，第一次突破了用几何方法求圆周率近似值，采用解析方法计算圆周率，用连比例归纳法证明割圆术。因而他的《割圆密率捷法》，被清代学者称为"明氏新法"，明安图被誉为"弧矢不桃之宗"。

赵学敏补本草纲目

明代李时珍《本草纲目》刊行之后，对于后来本草学的研究与应用，提供了很有益的资料与经验。但《本草纲目》既不可能包罗无遗，也非完美无缺，很有必要进行及时的纠正和补充。赵学敏在乾嘉年间所著的《本草纲目拾遗》，就是一部针对李时珍《本草纲目》的补遗性作品，并成为当时影响最大的药物著作。早在清代前期，就出现了不少以《本草纲目》为依据进行摘选、节录、改编、补遗的药物学著作，如刘若金的《本草述》、汪昂的《本草备要》、吴仪洛的《本草从新》等等，皆是反复刊刻、流传甚广的成功之作。

赵学敏（1719～1805）更是尽毕生精力撰著《本草纲目拾遗》。他自幼喜好医学，在家中"养素园"内种植、观察药物，夜则苦读家藏医书，还常常到各地访求民间医药，积累了深厚的知识。从乾隆三十年（1765）起，赵学敏立志补正《本草纲目》。他历时40年，查阅了600余种书籍文献，请教了200多人，终于编成《本草纲目拾遗》。

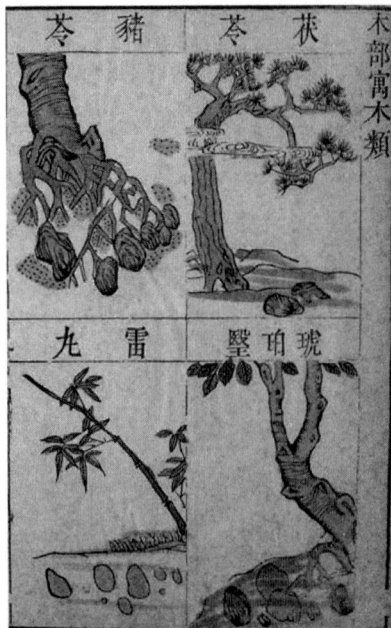

顺治年文益会五色精绘图注《本草纲目》

它纠正《本草》错误34条，并理顺其分部。书中载药921种，其中716种是《本草纲目》所无或叙述不详的，还收录了50余种外来药物，如治疗疟疾的金鸡纳、治疗咽痛失音的胖大海等。书中又收载了许多民间特效药物，如清热解毒的白毛夏枯草、"外科圣药"千里光、强心的万年青、治蛔虫的鹧鸪菜、治跌仆损伤的接骨仙桃等，至今仍有实用价值。

《本草纲目拾遗》总结了16～18世纪近200年间我国药物发展的新成就，是继《本草纲目》之后又一部具有重要价值的药物学专著，颇受后世重视。

郎世宁入清廷

郎世宁（1688~1766），意大利人。耶稣会传教士，画家兼建筑家。康熙五十四年（1715）来北京传教，不久即召入宫廷，为内廷供奉。他擅长画肖像、花鸟、走兽，尤工画马。他的画术以西法为主而参以中法，注意透视和明暗，但过于刻画细节，追求形似，未得中国画形神兼备之长。乾隆年间，他曾与人等奉清高宗之命作平定准噶尔及回部奏凯图，图成送法国雕成铜板。其画可以看出中西技法相融会的特色。作为建筑家，他曾参与圆明园建筑工程。乾隆三十一年（1766）六月，郎世宁因病在北京去世，终年78岁。当月初十日，乾隆帝以他自康熙年间入直内廷，颇著勤慎，加恩赐予侍郎衔，并赏内府银300两，料理丧事。

《松鹤图》轴。郎世宁、唐岱绘。

《弘历观画图》轴。郎世宁绘。

乾隆题诗《棉花图》

《棉花图·上机》

1765 年，方观承撰成《棉花图》，共有图 16 幅及文字说明。乾隆帝称赞之，并在每幅图上都作御题诗，《棉花图》遂成《御题棉花图》，广为流传，成为当时推广、提倡植棉和棉纺织技术的科普读物，并曾传至日本。

图谱反映了从棉花种植、采摘、收贩、初加工，到纺织、练染等有关农艺和工艺的主要过程，生动地描绘了当时植棉和纺织生产的状况和达到的技术水平。

在理教出现

乾隆初年，民间无为教分支出在理教（又称理教、理门、理善会、白衣道、八方道）。在理教创始人为山东即墨人羊莱如（或作扬莱儒，教内称羊祖）。以反清复明为教旨。乾隆三十年（1765）后，羊祖六传弟子尹来凤在天津建立"公所"，从此日渐盛行。教徒遍及天津、上海、北京、河北、江苏、山东、河南、安徽、江西及东北、内蒙古等地。光绪年间，衍变出许多宗派，各地普设"公所"，信徒大量增加。各宗派的道统、仪节均有差异，唯戒绝烟酒一条为各派共同遵守。

在理教主张三教归一，不强调供奉偶像。公所中除观音像及羊祖、尹祖像外，没有其他神像。烧檀香而不烧线香。没有法器只有葫芦、艾瓢之类。平时默念真言，遇有大灾大难，只须面向东南高喊三声，便可逢凶化吉。有"道行"的信徒称为领众，领众长驻公所，不回家住宿。女领众称法师。男信徒称大众，女信徒称二众。农历腊月初八为教节，届期公所张灯结彩，举行名为摆斋的宗教仪式。

《闲闲录》殃众

乾隆三十二年（1767）五月，蔡显《闲闲录》文字狱案发生。

蔡显，字景真，号闲渔，江苏华亭人，雍正年间举人，在家乡教书为业，著有《闲闲录》、《红蕉诗话》、《霄行杂识》等书，自行刊刻流传。这些书中记载了一些地方官绅的不肖言行，被当地官绅诬告陷害。蔡显自信无罪，携书向当地官府自首。不料这些官员竟将书内失志怨愤之语指为罪证，将蔡显定凌迟处死罪。乾隆三十二年六月五日，乾隆重新审理此案。更查出《闲闲录》等书中记有戴名世以《南山集》弃市、钱名世以年羹尧案得罪等事；又有"风雨从所好，南北杳难分"、"莫教行化乌肠国，风雨龙王行怒嗔"等诗句，乾隆帝认为这是"有心隐约其词，甘与恶逆为伍"，命将蔡显改为斩决，其子蔡必照改为斩监候，将蔡显书籍通行销书毁版，所有为书作序和帮助校刻的二十四名学者，分别遣戍边远地区。《闲闲录》一案是继胡中藻诗狱之后乾隆帝亲手制造的又一冤狱。

沈德潜鼓吹温柔敦厚

沈德潜（1673 ~ 1769）清代诗人。字确士，号归愚。江南长洲（今江苏吴县）人。沈德潜热衷功名，从22岁参加乡试起，总共参加科举考试17次，中进士时已是67岁老翁，官至内阁学士兼礼部侍郎。在朝期间，其诗受乾隆帝赏识，因"隆遇"的特殊地位，其诗论及作品，风靡一时，影响甚大。

沈德潜像

101

沈德潜提倡温柔敦厚说，鼓吹儒家传统"诗教"，在艺术风格上，他讲究"格调"。他强调诗为封建政治服务。《说诗晬语》开头就说："诗之为道，可以理性情，善伦物，感鬼神，设教邦国，应对诸侯。"沈诗现存2300多首，有很多是为统治者歌功颂德之作。《制府来》、《晓经平江路》、《后凿冰行》等反映了一些社会现实。

乾隆三十四年（1769），沈德潜因病去世。

秧歌·高跷流行于北方

清中期，近代民间秧歌、高跷等已基本形成，广泛流行于中国北方。

"秧歌"，原指农民插秧及耕耘劳动中所唱的歌。但作为清代十分盛行于广大汉族地区的这种载歌载舞的民间表演艺术形式，其源头当是十分深远的。

"秧歌"在农村、城镇都有流传，多以舞队形式出现于大街小巷和广场（或麦场）。几十人甚至成百人的秧歌队，在锣、鼓、钹、唢呐等乐器伴奏下挥臂作舞。每当闹起秧歌，欢声鼎沸，万人空巷，热闹非凡。

"秧歌"从清初开始广泛流传，尤其北方各省更为盛行，且在长期实践中形成了不同地区形式风格的某些差异，如"陕北秧歌"的矫健豪放；"山东秧歌"的韧中带劲；"东北秧歌"的红火欢腾；"河北秧歌"的健朗风趣……又因舞时所使用道具的不同，产生了许多变种，如"地秧歌"、"高跷秧歌"、

踩高跷

"鼓子秧歌"等。一直盛行于当今，成为中国人民最喜闻乐见的民间舞蹈形式之一。

"高跷"，原为古代的一种踏跷技艺。

"高跷"与"秧歌"的结合，是在表演实践中逐渐形成的，为使众

多的围观者都能一饱眼福，起初出现了扛人于肩的表演。而踩上高跷表演时，犹如为自身装上了活动舞台，走到哪里，演到哪里，总是比观众高出一截，既便于人们观赏，又能灵活自如地施展舞者技艺，遂成为一种固定的表演形式。北京的高跷秧歌，约出现于乾隆三十二年（1767）左右。

"九曲黄河阵"是当时流行的元宵节娱乐活动

清朝

1771A.D. 清乾隆三十六年

二月，高宗东巡，至曲阜，四月回。小金川土司内哄，遣兵攻之，于是金川军事复起。

1773A.D. 清乾隆三十八年

二月，命自永乐大典等书中辑佚书。

开《四库全书》馆。

1775A.D. 清乾隆四十年

人口 2 亿 6456 万余。

1776A.D. 清乾隆四十一年

二月，大金川首领索诺木莎罗奔等降。金川军事，首尾将六年，至是始结。十二月，命于国史立贰臣、逆臣传。

1777A.D. 清乾隆四十二年

戴震死。

1778A.D. 清乾隆四十三年

九月，徐述夔诗狱起。徐述夔案结，本身戮尸，子孙斩监候。

1772A.D.

英国东印度公司任命赫斯汀斯为孟加拉总督。

俄、普、奥三国第一次瓜分波兰。德国诗人赫尔德推动狂飙突进运动。

1773A.D.

英议会通过统治印度殖民地立法，自此展开对全印之侵略，已有灭印度之规划。赫斯汀斯强迫印度农民种植鸦片，由东印度公司廉价收购，贩卖于中国。

俄罗斯平原东南部之农民与哥萨克人，在普加乔夫领导下掀起农民战争，历时三年始失败。

1774A.D.

歌德著成《少年维特之烦恼》。

1775A.D.

6 月 15 日，乔治·华盛顿被任命为革命军总司令。

1776A.D.

5 月 15 日，大陆会议决议停止英王在殖民地之权力，宣称殖民地主权应属于殖民地人民。7 月 4 日，发布"独立宣言"（今美国仍以此日为国庆节）。

1777A.D.

数学家高斯出生。

1778A.D.

启蒙哲学家伏尔泰与卢梭卒。

1780A.D.

赫德尔·阿里进攻英殖民地马德拉斯，印度人民群起响应，大败英军。是为第二次迈索尔战争。

土尔扈特回归祖国

乾隆三十六年（1771）九月八日，土尔扈特蒙古重入中国版图。

土尔扈特是厄鲁特蒙古四部之一，原游牧于额尔齐斯河流域。17世纪初，准噶尔势力日益强大，意图兼并土尔扈特，迫使土尔扈特西迁至伏尔加河下游。但仍和清朝政府保持密切的联系。18世纪20年代以来，俄国扩张势力对土尔扈特部加紧控制和迫害，苛征苦敛，徭役不断，又征子为质，蔑视黄教，使土尔扈特人思归故土。18世纪中叶，沙俄在对外扩张的战争中，逼迫土尔扈特人充当炮灰，死者七八万，而且还将16岁以上的男丁全部赶赴战场，意欲歼灭土尔扈特人。这种可怕的灭族之灾迫使土尔扈特断然摆脱沙俄的控制，于乾隆三十五年（1770）在首领渥巴锡率领下，重返祖国。

乾隆皇帝所撰《土尔扈特全部归顺记》

他们冲破俄罗斯军队的围追堵截，克服重重困难，忍受巨大牺牲，行程万余里，历时8个月，终于在次年六月回到新疆伊犁，部众仅剩一半。土尔扈特回归后，乾隆对此事十分关切，下令拨银20万两，置备米麦、羊裘、布棉、毡庐、盐茶、靴帽，市马、牛、羊26万5000余，并将他们安置在伊犁河谷及科布多地区驻牧。同年九月，乾隆在

蒙古盟长印。这方乾隆四十年（1775）款"乌纳恩殊朱克图旧土尔扈特东部盟长之印"，是清朝在蒙古地区以法律形式因俗而治的一个历史见证。

承德接见了渥巴锡，对其优礼有加。不久，乾隆封渥巴锡为卓理克图汗（蒙古语英勇之意），以表彰他的功绩。乾隆还亲撰《御制土尔扈特全部归顺记》。自此以后，漠西厄鲁特蒙古全部统一于清朝中央政府的管辖之下。

乌鲁木齐建城

　　清代前期，清政府非常重视对边疆地区的开发，其中最重要的措施是实行多种多样的屯田制，从而使边疆地区的农业得到了迅速发展。农业的发展带来了经济的繁荣，境内村庄、店铺、城镇、台站的兴起多如雨后春笋。乌鲁木齐就是这个时候发展起来的城市之一。

　　乾隆三十七年（1772）正月十七日，乾隆帝采纳伊犁将军舒赫德的建议，下令修建乌鲁木齐城，驻兵屯田。为严密设防，完善建制，朝廷设乌鲁木齐参赞大臣一员，领队大臣一员，俱受伊犁将军节制。不久，因乌鲁木齐所属地方宽阔，而距伊犁遥远，兵民辐辏，应办事件众多，为有益于管辖兵丁，办理诸事，而于体制亦相符合，便将参赞大臣改为都统一员，仍属伊犁将军节制。

　　乌鲁木齐建城后，发展非常迅速。当年底陕西总督文绶在巡视新疆各地后称："乌鲁木齐商贾辐辏，比之辽里坤城更为殷烦。"（《皇朝经世文编》）可见，当时乌鲁木齐正形成为一个商业城市。

开《四库全书》馆

　　乾隆三十八年（1773）二月十一日，乾隆帝任命军机大臣刘统勋为总裁，设纂修30员及提调等职，以翰林院署内迤西房屋一区为办事之所，开馆纂修《四库全书》。

　　为了充实皇宫的藏书，早在乾隆六年，乾隆帝已下令征书。乾隆三十七年（1772）正月和十月，乾隆帝又连续颁诏，重申向各地征书的命令。年底，安徽学政朱筠进奏，建议在征书的同时，考虑编纂整部书辑录的大型丛书。乾隆见到奏章，即命朝臣商议。乾隆三十八年二月，朝臣经过讨论，肯定了朱筠的提议，并商定选派翰林官员，开馆校勘《永乐大典》等书，还拟出具体条例，呈请批准。于是，乾隆帝决定成立纂书机构，开始编纂《四库全书》，一场持续十多年的编辑大丛书的壮举从此开始。

纪昀像

乾隆命编《日下旧闻考》

乾隆三十八年（1773）六月十六日，乾隆帝命对《日下旧闻》一书详加考证，悉作补充，编为《日下旧闻考》。该书由大学士于敏中、英廉担任总裁。

《日下旧闻》成书于康熙二十五年，作者为朱彝尊。全书涉及北京史料，分星土、世纪、形胜、宫市、城市、郊坰、京畿、侨治、边障、户版、风俗、物产、杂缀13门，共42卷。于敏中等人在《日下旧闻》的基础上，对各门类详加考证，全面增补，于乾隆五十年至五十二年刻版出书。全书160卷，仍沿用《日下旧闻》的编次目录。但是其中20卷的国朝宫室、2卷的京城总记、4卷的皇城、14卷的国朝苑囿，则都是新增加的内容。此外，官署12卷，原在城市门内，现独立了出来；郊坰原6卷增为20卷；京畿也从10卷增加到37卷。《日下旧闻考》因此成为最大最完整的关于北京历史、地理、城坊、宫殿、名胜等的资料选辑。

THE **CHINESE** CIVILIZATION

卖膏药摊子。"狗皮膏药"在过去是一种非常大众化的成药，初通医理的人即可知道这种膏药的用法和适应症，经常有人摆摊售卖膏药。图为《北京风俗百图》中的卖膏药摊子图。

清代北京民间艺人所绘《北京民间风俗百图》中的《瞧香图》，反映的是古代的一种民间巫医活动。

琉璃厂书店街形成

清康熙后期，琉璃厂书店街开始形成。

北京琉璃厂书店街又名琉璃厂文化街。此处原为元、明两代的官办琉璃窑厂，专为宫廷烧制琉璃瓦件，因此得名。康熙后期，北京的春节集市移至此处。一时百货云集，图书充栋，宝玩填街。很多书商纷纷移市此处，逐渐形成书店街。又因各省会馆多建于琉璃厂附近（宣武门外至前门一带），会馆里来往的官员、应考的举人和商贾以及很多住宅在这一带的汉官、文人，大多嗜书如命，更加促进了琉璃厂书市的发展。

乾隆三十八年（1773），北京开设四库全书馆。这些人因校阅、考典之需，归寓后经常到琉璃厂书肆寻访。江浙书商亦因有利可图，趋之若鹜。据记载当时已有书肆31家，其中五柳居、文萃堂最为有名。其他还有古玩店、文具店、碑帖书画店等。书店街贩书的规模在全国是最大的。如五柳居、文萃堂每年都整船整船地从苏州购书运进京师。许多书肆主人频繁来往于藏书家及达官贵人之门，收购与售卖各家古书。五柳居主人陶正祥，善于鉴别版本，所藏善本秘书是官僚学者竞相收购的目标。朱筠曾推荐其为四库馆搜访异本秘书。

书店街除兜售图书外，还从事刻书事业。如五柳居刻印的《十三经注》、鉴古堂刻印的《辑宋诗抄》、文萃堂刻印的《新刻校正买卖蒙古同文杂字》等，字体工整，字形隽秀，显示出清代精湛的刻印技术。

琉璃厂书店街贩书刻书的繁荣，对京师民众文化生活和文化教育的发展，具有不可抹杀的功绩。清代中叶以后，琉璃厂从事刻版印书，较著名的坊有老二西堂、三槐堂、聚珍堂、文有堂、文禄堂、修绠堂、富文堂、善成堂、正文斋、来董阁、邃雅斋、通学斋等。

鸦片战争和太平天国运动以后，琉璃厂古旧书业萧条。甲午战争后，废科举、兴新校、谈新学之风气日盛，新书业应运而生。只有厂桥东仍然是善本旧书集中之地。

北京琉璃厂书店街是在国内外具有较大影响的古旧书店街,对传播、交流、保存中国古代文化典籍有较大的作用和意义。

清政府删销书籍

清政府在大兴文字狱的同时，也开了禁毁图书的先例，文字狱中查获的所谓逆书一律销毁。这种搜毁禁书的活动，开始时只是个别地区的事，到乾隆开四库馆时，就扩大到全国范围，造成我国古代文化典籍的一场浩劫。

乾隆查禁所谓违碍书籍是采取了"寓禁于征"的手段，以访书为名，行禁书之实。乾隆三十八年（1773）开四库馆后，曾两次下诏求书。诏求遗书是全国性的，但重点是在江浙。次年乾隆明确谕示，要查禁明末清初"悖逆"之书，尽行销毁。当时，各省督抚逢迎上意，凡明末清初书籍，无不以"违碍"处置。各府州县刊刷誊黄，遍行晓谕，勒令百姓呈缴。另外还派遣佐杂教职人员和地方士绅、生监等到乡挨查，比产株求，在地方上引起极大骚动。乾隆四十一年（1776）十一月，乾隆帝再次申谕销删违禁书籍。乾隆四十三年（1778）十一月，清廷正式颁布了四库全书馆拟定的查办违禁书籍条款9则，这个条款把查缴禁书的时限上溯到宋元，大大超过原定的明末清初的界限。在这场焚书浩劫中，至乾隆四十七年，仅江浙一带，就毁书24次，毁掉书籍计 538 种、13863 部。江西巡抚海成，一年之内曾搜缴"禁书"8000 多部。而乾隆帝在位期间，焚毁的书籍共有 71 万卷。

除了销毁大量书籍之外，四库馆又对四库采录的书任意加以篡改，使各书面目全非。

阿桂收复大小金川

乾隆三十八年（1773）十一月六日，阿桂统率清军，收复小金川全境。

大小金川在四川西北部，为藏族聚居地区，以产金得名。清初朝廷曾设安抚司统管其地。乾隆十二年（1747），大金川土司莎罗奔叛乱，清廷派兵镇压，不久，莎罗奔兵败出降。乾隆三十一年（1766），大小金川又联合反清。四川总督阿尔泰奉命前往征讨失败，被革职。乾隆三十六年（1771），乾隆派大学士温福督师，以尚书桂林代阿尔泰总督职，再次进剿。乾隆三十八年（1773）六月，温福率兵攻打大小金川，驻营木果木。温福性情偏愎，不听人言，不恤士卒，不谙地形，不察敌情，只一味推行以堡制堡、以卡逼卡的战术，使 2 万兵力分散各处。小金川首领僧格桑见有机可乘，于六月十日突袭温福大营，温福不备，仓皇失措，中枪而死。提督马全、牛天畏，副都统巴朗、阿尔素纳、总兵张大经等都战死，兵士死亡 3000 余人。乾隆闻报大惊，急调健锐、火器营兵 2000 人，加上吉林索伦兵 2000 人增援，任命阿桂为定边将军，总统军事。

阿桂像

阿桂受命后，于当年十月底集结 2 万军队，兵分三路，决定首先收复小金川。阿桂亲统西路兵马，色布腾巴勒珠尔固伦额驸为参赞大臣，副将军丰升额统率北路，以海兰察为参赞大臣，副将军明亮统领南路，富德为参赞大臣。西路阿桂两天之内就攻下阿喀木雅、木阑坝等形势险要之地，十一月三日又收复美诺。南路明亮也连克碉卡，十一月六日攻取僧格宗。至此，清军将小金川之地全部攻取。随后，阿桂率军向大金川进击，一路斩关夺堡，颇为顺利。乾隆四十年（1775）七月，阿桂军已进抵大金川官寨勒乌围。勒乌围前阻大河，后负高台，碉寨高坚，墙垣坚固，莎罗奔率军在此死守。月底，阿桂军完成对勒乌围的包围后，开始攻寨，大炮昼夜攻击。阿桂又令官兵砍柴伐树以为挡牌，层上堆土，形成制高点。八月十五日夜，清军向勒乌围发起总攻，呼声动地，火弹横飞。十六日，清军占领勒乌围，莎罗奔携其妻逃往噶拉依。噶拉依亦为大金川官寨，为索诺木驻地。十二月，阿桂整兵分为两路，南北齐下；克寨夺卡，直捣噶拉依。莎罗奔、索诺木等负隅顽抗，阿桂督师筑长围，断水道，陷卡夺碉，层层逼进。次年（1776）二月四日，索诺木水断粮尽、力竭计穷，只得率部献印投降，金川叛乱至此平定。

清廷平定金川之战，持续10年之久，三易军帅，耗饷7000万两。金川平后，朝廷在噶拉依设总兵、勒乌围设副将。后又将金川改土归流，以大金川地为阿尔古厅，小金川地为美诺厅。

波格尔拜会六世班禅

乾隆三十九年（1774），英国东印度公司秘书波格尔以同西藏通商为名，从不丹进入后藏，拜会了六世班禅喇嘛。

英国东印度公司成立于明万历二十八年（1600），是英国商人、殖民者在东方进行殖民地贸易的庞大的垄断公司，是英国资产阶级原始积累强有力的工具。它不仅拥有大量资本，还拥有大批武装力量。

扎什伦布寺，从清顺治十七年（1660）起，成为历代班禅驻锡之地。图为该寺灵塔殿。

为染指西藏，扩展它的势力，乾隆三十九年四月，英国首任驻印度总督赫斯定派波格尔率一支探察队前往西藏，了解西藏各方面情况，并设法缔结孟加拉与西藏之间的商约，争取在拉萨设立英国商务代表机构。十月，波格尔到达日喀则，随即便拜会了六世班禅，呈交了赫斯定的信件及礼物，表达了与

西藏地方政府签订通商条约的愿望。不久，西藏地方政府明确表示：西藏是中国的一部分，有关签约问题须由清朝中央政府决定，西藏地方当局无权作主。六世班禅还向波格尔指出：东印度公司俨偌王者，且以战争之克服为能事，藏人不能允许英人进驻。波格尔的企图未能得逞。乾隆四十八年（1783），东印度公司第二次派人进藏，要求签订商约，也遭拒绝。但两次出使期间，英国殖民者乘机搜集了大量有关西藏地区政治、经济和文化等方面的情报，为以后对西藏的侵略做了准备。

王伦起义

　　乾隆三十九年（1774）八月二十八日，山东寿张县（今阳谷县）党家店人王伦，利用清水教（白莲教支派）发动民众，举行武装起义。

　　王伦精拳棒，善医术，在寿张、堂邑等县穿梭往来，念经聚会，组织了一批信徒，图谋反清。乾隆三十九年，寿张等地年岁歉收，地方官妄行额外加征，民众普遍不满，王伦乘机聚集教徒，于八月发动武装起义。二十八日夜，王伦率乡民教众，白布缠头，各带器械，攻入寿张县城。他们杀死知县，占据城池，开仓济贫。同日，王经隆在堂邑县张四孤庄起兵响应。随后，王经隆与王伦会合一处，起义军声势大振。王伦自称真紫微星，设置元帅、先行、国公等官职，然后分兵趋临清、东昌，阻扼清朝运道。起义军杀游击赵福，败总兵惟一，下堂邑县城，占临清旧城，开典库，夺粮艘，使漕运一时梗阻。清廷急派大学士舒赫德率京兵前往镇压。九月二十三日，舒赫德的大队清军赶到，与当地清军、地主武装一起向农民军进攻。起义军寡不敌众，退守旧城，奋死抵抗，二十七日清军终于占领临清旧城，王伦不屈自焚，王经隆也被俘牺牲。

　　王伦起义历时不到一月，规模也不算很大。但它是在清朝鼎盛之时爆发的，对封建统治阶级是一次不小的震动。

珐琅工艺全面发展

珐琅工艺是金属工艺中的一种，由明代景泰蓝（掐丝珐琅）发展而来。清代宫廷内务府造办处设有金工作坊，工部也设有类似作坊，其中就有珐琅作坊，专门制作宫廷需要的精致华美的珐琅工艺品。

清代宫廷珐琅工艺继承明代景泰蓝传统，又有了进一步发展，到乾隆时期，珐琅工艺水平达到顶峰。珐琅工艺技术及珐琅釉色均有增多，创烧出粉红、翠绿、黑等新色，使珐琅色彩更加丰富多样；铜胎制作厚重，镀金光亮，釉面光滑，没有沙眼气泡，质量上乘；此外珐琅工艺应用器形范围扩大，大到家具、佛塔，小到鼻烟壶、文房用具，都可用珐琅制作。

掐丝珐琅薰炉

清代珐琅工艺的杰出成就是引进西方珐琅技术并加以改造，采用中国传统青铜器、瓷器、漆器的器形与纹样，创烧出中国自己独特的画珐琅与錾胎珐琅。由这两种工艺制作的工艺品器形厚重端庄，纹样精致典雅，色彩含蓄秀丽，具有浓厚的民族特色。

画珐琅山水纹炉

画珐琅，即铜胎画珐琅，又叫"烧瓷"。其制作常采用锦地开光的形式，也就是在铜胎上涂满仿锦缎的纹样，作为底色，经烧制后再在"锦地"底色上画花纹装饰，称为"开光"。开光绘画有山水、花鸟、人物等，与清宫粉彩情况相似，随时代风尚而不断改变，康熙时多为色地花卉，雍正时多仿中

画珐琅花卉纹水丞

113

国传统工笔重彩画，乾隆时仿西洋画，多画西洋风景人物。画珐琅一般有两大类，一类为装饰品，多为家具、钟表的嵌件，一类为实用品，如瓶、盘、碗、罐、盒、香炉、鼻烟壶等。

錾胎珐琅制作与画珐琅不同，先要在金属胎上锤打、錾刻，作出浮雕纹样，然后填充珐琅釉料，最后焙烧、磨光、镀金。乾隆时錾胎珐琅器形多仿古铜器，纹样凸起，珐琅内点，焙烧后如同宝石镶嵌一般。又有一种仅在金属胎上錾刻花纹，表面平滑光亮，珐琅半透明，金属胎上花纹隐约可见，非常含蓄。

乾隆后期珐琅工艺到处滥用，导致珐琅工艺整体水平下降。后来随着宫廷工艺的衰落，清宫珐琅工艺也传入民间，产地有北京与广州。产品主要是铜胎掐丝珐琅（景泰蓝）和铜胎珐琅（烧瓷），大多出口海外。

编列《贰臣传》

乾隆四十一年（1776）十二月三日，清廷国史馆遵乾隆谕示，开始编写《贰臣传》。

乾隆认为，清朝开创之初，明末诸臣望风归附，如洪承畴、祖大寿等人，在明时跻身显贵，入本朝仍忝为阁臣。为开创大一统规模，这些人不得不加以录用，以靖人心而明顺逆。但事后平情而论，作为一个人，特别是一国之臣，在国家有难时，不能为其主临危授命，却苟且偷生，腼颜降附，也称不上是完人。此等大节有污之人，不能念其建有勋绩，谅于生前；也不能因其尚有后人，原于既死。为合情酌理，应该于国史内，另立《贰臣传》一门，将诸臣仕明及仕本朝各事迹，据实直书，崇奖忠节。遵照乾隆帝的谕示，国史馆总裁便查考姓名事实，逐一辑录，编列成传，陆续进呈乾隆帝。《贰臣传》一书共12卷，收录125人，都是降清的明朝官吏，如刘良佐、洪承畴、钱谦益等。

戴震著《孟子字义疏证》

戴震（1724～1777）不仅在文字、音韵、训诂方面有突出的成就，开皖派学风，而且在哲学和伦理学方面也有较进步的思想。在他的《原善》、《孟子字义疏证》和《答彭进士允初书》等哲学、伦理学代表作中都有体现。而《孟子字义疏证》是他最为得意的力作，充分展现了他的哲学、伦理学思想。

《孟子字义疏证》原题《绪言》、《孟子私淑录》，共3卷。乾隆四十二年（1777）戴震逝世前不久成书。该著通过阐述《孟子》中的"理"、"天道"、"性"、"才"、"道"、"仁义礼智"、"诚"、"权"等重要的哲学范畴，以及通过训诂考据探讨古书义理，集中地反映了戴震的唯物主义思想，成为戴震的主要哲学著作。

《疏证》对程朱理学提出的著名命题"存天理、灭人欲"进行了猛烈的批判。指出：天理与人欲是统一的，"理存乎欲"，不能用所谓天理去禁锢人们的正常欲望。程朱理学所谓的"理"，不过是尊者、贵者、长者用以欺骗和镇压卑者、贱者、幼者的工具。"尊者以理责卑，长者以理责幼，贵者以理责贱，虽失，谓之顺；卑者、幼者、贱者以理争之，虽得，谓之逆"。"人死于法，犹有怜之者，死于理，其谁怜之？"这种观点抓住了程朱理学的弱点，对其批判一针见血，毫不留情，带有强烈的反封建性。因此，在中国近代反封建革命中，屡被资产阶级革命家借用，以宣传反封建，影响不可谓不大。

另外，戴震认为"道"是物质性的实体，"气"的变化过程就是道。"气化流行，生生不息，是故谓之道"。"理"指事物的条理，"化物之质，曰肌理，曰腠理，曰文理；得其分则有条而不紊，谓之条理"；"事物之理，必就事物剖析至微，而后理得"；"理"不能脱离具体事物存在。这种唯物主义观点也对后世产生过深远的影响。戴震也因此成为王夫之以后最重要的唯物主义哲学家之一。乾隆四十二年（1777），戴震逝世。

《孟子字义疏证》（清刊本）

115

控制民间火器

乾隆四十二年（1777）二月二十六日，大臣国泰上疏指出：各属民壮鸟枪，应令实力操演，以收实用。乾隆帝却谕示停止民壮演习火枪。他认为，各省地方设立民壮，虽说对协助营兵、巡辑守御有利，但民壮由招募乡民而成，训练无素，流动性大；况且火药关系重大，也不便散给人役。另外，若各省训练纯熟火器的人太多，则易潜生弊害，使朝廷不得不防。山东王伦滋扰一案，就是因为他们不善施放枪炮，所以才容易平定。结果，清政府决定，各省州县额设民壮，应尽心训练，操演寻常技艺，与兵丁等同资捍御，以收实效，无需演习鸟枪。同年十一月，总督高晋奏请将武举考试舞刀改用鸟枪，为此乾隆帝又谕示：鸟枪原系制胜武器，因而民间断不宜演习多藏。如武科改用鸟枪，武生必时常练习打靶，民间私卖火药、铅丸俱难禁止。于是高晋所奏不得实行。

乾隆准备内禅

清乾隆帝围猎图

乾隆四十三年（1778）九月二十一日，乾隆宣谕至六十年内禅。

当日乾隆帝就金从善呈请建储一事，申言立储流弊，宣明归政日期。他认为，从历史上看，立储断不可行。因为一立太子，众人见神器有属，争相邀宠，弱者献媚逢迎，强者设计掩过。而兄弟则由此生出猜嫌，父子也因此难求和睦。国家基业，就会动摇。过去汉武帝立太子据，致有巫蛊之祸；唐太宗立太子承乾，竟以谋逆废黜；就是本朝康熙年间，康熙帝早早立储，致使后来生出事端，而终废太子。平心而论，立太子一事并无益处。乾隆因此表示，如果苍天保佑，使他年寿有加，能在位至乾隆六十年，到他八十五岁时，他便传位给太子，自己归政退闲。乾隆的这一决定，成为中国封建社会中主动表示禅位的首要事例。乾隆六十年（1796）乾隆果如其言，禅位给仁宗。

王锡侯因删改《康熙字典》被诛

乾隆四十二年（1777）十一月十二日，王锡侯因删改《康熙字典》被诛。

王锡侯，江西新昌县举人。他以《康熙字典》收字太多，难以贯穿，遂另刻《字贯》一部。该书将圣祖、世宗的庙号及乾隆帝的名字直书不讳。经平民王泷南检举，江西巡抚海成奏闻，王锡侯于本月被押解进京，交刑部审讯。乾隆斥其为"全不知有尊君亲上之义"，不久即被斩首。海成及布政使、按察使都以失察革职，交刑部治罪，侍郎李友堂以题《字贯》古诗一首被革职。乾隆又

乾隆藏画印

谕示：如有与《字贯》相类似的书，无论旧刻新编，均须查出奏明，一律解送京师销毁；收藏这类书的人家，即行交出可不治罪，如藏匿不交，一经发现，将予以严惩。王锡侯一案是乾隆年间又一著名的文字狱。

弋腔衰落

清乾隆四十四年（1779），蜀伶魏长生到达北京，演唱秦腔而名噪一时，弋腔艺术纷纷依附秦腔戏班以谋生路，一度极盛的弋腔走向衰落。

弋腔即弋阳腔，与昆腔几乎同时成熟于明中叶，又称高腔。清中叶，属于花部的高腔与其他地方戏种一样，受到广大群众的欢迎，由于传入北京以后语言发生变化，以京音音字演唱，故又被称为京腔。乾隆年间有六大名班

活跃于北京的戏剧舞台，著名的剧场"查楼"就曾是高腔的重要演出场所。清宫廷也离不开弋腔，王府还设立了弋腔戏班，公宴、庙会都不可或缺，为了对京腔加以规范，清王朝还指定王正祥编纂《新定十二律京腔谱》，对京腔的音乐特点作了描述。同时，对弋腔最有特色的演唱方式"滚白"作了深入的研究。在清中叶的高腔音乐中，为了达到一唱众和的效果，加滚的演唱方式被充分发展。王正祥的论述很有见地，他说：滚白是京腔所必需，京腔区别于悦耳的昆曲的最重要特色，就是用滚白而非丝竹而使曲词的情感充分体现，写景、传情、过文可不用滚调，而闺怨、离情、死节、悼亡等一切悲哀之事就必须配合一、二段，使情文谐调。事实上，明代王骥德《曲律》已记述了"弋腔"中有滚唱的情状，称之为"流水板"。

乾隆中叶，京都弋腔走向衰落以后，各地的演出活动仍很盛行，传统剧目如《荆钗记》、《白兔记》、《拜月记》、《杀狗记》、《琵琶记》等传奇戏本仍在舞台上频频演唱，而目连救母、三国、岳飞、孟姜女等内容的戏曲更受到民间的普遍欢迎，而且与各地民间音乐和语音相融合，形成高腔腔系的不同流派，地方特色十分浓郁。

乾隆第五次南巡

乾隆四十五年（1780）正月十二日，乾隆帝从京师出发，开始第五次南巡。扈从的有王公大臣、蒙古王公台吉、直隶官员、回部郡王台吉、四川土司等。

乾隆南巡图，描绘乾隆十六年（1715）乾隆南巡途中的见闻。此为北京前门段。

这次南巡的目的，乾隆帝说是"省方观民，勤求治理"。南巡途中，他多次颁发谕旨，蠲免所有经过直隶、山东等地的本年应征地丁钱粮的十分之三；凡老民老妇，均加恩赏赐，以示优老引年至意。经过山东时，他派遣官员至曲阜祭祀了先师孔子。沿途他还遣官祭祀已故河道总督靳辅、齐苏勒，大学士嵇曾筠、高斌等祠，并亲自视察清口东坝等地堤工。此外，他还在杭州、江宁等地阅兵，召见和加恩江浙地区的士绅，拜谒了明太祖朱元璋孝陵，颁布了移风易俗的谕示。五月九日，乾隆帝返回京师。

确定乌里雅苏台将军职限

乾隆四十五年（1780）十一月十日，清政府议定乌里雅苏台将军等权责职限。

乌里雅苏台将军，又名定边左副将军，是清政府设在喀尔喀蒙古地区的重要军政建置，最初为征讨准噶尔而立，并非世袭职位。历任此职的有公富尔丹、顺承郡王锡保、平郡王福彭以及成衮扎布、车布登札布等。到庆桂上任时，他考虑到既要使将军、参赞不必办理喀尔喀蒙古游牧事务，又要使将军、参赞及四部落盟长各有专办事件，不致瞻顾误事，或越畔营私，于是奏请议定将军等职限，以期长期奉行。乾隆帝遂命军机大臣会同兵部拟定条例，最后决定：乌里雅苏台将军办理边疆巡察四部落台卡事务，凡事关紧要及调发军马诸务，喀尔喀四部各盟长、副将军、扎萨克等应归将军节制；四部副将军、王公、扎萨克等照旧每年轮班驻扎乌里雅苏台，副将军仍听乌苏里台将军、参赞调拨兵马及巡察部落、接设台卡等务，不必办理游牧。四部落盟长会盟办事，要先报理藩院，会同有关司官审理。如遇贼盗人命等案，则由扎萨克呈盟长再报理藩院定夺。扎萨克由四部落盟长约束。若不秉公办事，照例治罪。

承德外八庙建成

清康熙五十二年（1713），各蒙古王公为庆祝康熙帝60大寿请旨在中国河北省承德武烈河东岸平地上建溥仁寺、溥善寺。溥仁寺（俗称前寺）供观瞻，溥善寺（俗称后寺）供喇嘛习经。乾隆二十至二十三年（1755~1758），为纪念平定厄鲁特蒙古准噶尔部族首领噶尔丹煽动的武装叛乱而建造了普宁

119

承德普乐寺

承德普陀宗乘之庙，金瓦顶，万法归一。

承德须弥福寿之庙鸟瞰

承德普宁寺大乘之阁

寺。普宁寺分前后两部分，前部为一般汉族寺庙形式，后部是以大乘阁为首的一组建筑群。大乘阁内供奉千手千眼观音立像，高20多米，是中国现存最大的木雕像。乾隆二十五年，在普宁寺的东南方建普佑寺，安置喇嘛学习经文。乾隆二十九年，达什达瓦部迁承德定居，为满足他们的宗教要求，在武烈河东岸高地上，模仿位于伊犁河畔的固尔扎庙建安远庙，俗称伊犁庙。此庙有三层墙廊围绕，中为普渡殿。乾隆三十一年为庆祝土尔扈特、左右哈萨克、布鲁特等族回归清朝建普乐寺。寺后部是一座"阇城"（坛城），下为两层石台，台上建旭光阁。乾隆三十二年，为庆祝乾隆皇帝60寿辰和其生母80大寿，也为庆祝蒙古土尔扈特部历尽艰辛返回祖国而在行宫北部山麓，仿拉萨布达拉宫建普陀宗乘之庙，俗称"小布达拉宫"。西藏达赖喇嘛到热河觐见皇帝时多居此处。乾隆三十七年，在普陀宗乘之庙以西建广安寺，又名戒坛，是为蒙古王公受戒和说法的寺庙。乾隆三十九年（1774），在广安寺以东仿造山西五台山同名寺院及北京香山宝相寺建殊像寺。同年又仿浙江海宁安国寺建罗汉堂，内有500罗汉木雕像。乾隆四十五年，为庆祝乾隆皇帝70岁生日，西藏六世班禅前来诵经祝贺。为了接待班禅，在避暑山庄以北山麓最东端建须弥福寿之庙。同年，特准诺门汗活佛在普宁寺以东自建广缘寺。这12座庙寺沿避暑山庄东、北两面山麓均匀布局，与山庄内的湖山亭阁及四周的奇峰怪石，共同组成了一幅色调绚丽的环境艺术长卷。又因其分属8座驻有喇嘛的寺庙管辖，故通称"外八庙"。

外八庙绝大多数是清王朝在解决边疆问题过程中，为来热河行宫朝见皇帝的蒙藏王公贵族而建造的，是一批政治性很强的纪念性建筑。因此，它的建造大都仿

承德普宁寺日光殿及白台

自西藏、新疆兄弟民族著名寺院。其特点不仅应用了琉璃瓦顶、方亭、牌楼、彩画等汉族建筑传统手法，同时也应用了红、白高台、群楼、梯形窗、喇嘛塔、镏金铜瓦等藏族、蒙古族的建筑手法，建筑形式别具一格。

承德外八庙，作为清代喇嘛教的中心之一，其建筑雄伟，规模宏大，反映出清代前期我国建筑技术和建筑艺术的卓越成就。

班禅进京

乾隆四十五年（1780），为给乾隆帝70岁生日祝寿，班禅额尔德尼六世自后藏进京，不幸在京师圆寂。

乾隆四十三年，班禅就请章嘉胡图克图代奏，乾隆四十五年前来京师敬祝大皇帝70大寿。乾隆帝对此非常高兴，准其所请，并谕示隆重接待。他特别派遣皇六子质郡王永瑢和吏部尚书、领侍卫内大臣永贵赶赴岱汉迎接班禅，陪同其前来热河。又命向导处大臣编定从岱汉经察哈尔、多伦诺尔等地到

乾隆四十五年（1780），六世班禅来京病故于西黄寺内，第二年送其舍利金龛回藏，并于寺内建衣冠石塔，称清净化域塔。塔用汉白玉砌成，是藏汉艺术风格融合的建筑，清佛塔的杰作。

121

热河的行程及住宿地点；召陕甘总督、山西巡抚入京陛见，面谕妥善安排接待班禅的食宿等事。并下令在热河的班禅建须弥福寿之庙，供班禅居住。沿途各省官员接到圣旨后，都认真安排，凡事办理得十分周到。七月二十一日，乾隆帝在承德避暑山庄清旷殿召见六世班禅；二十四日，在万树园赐班禅酒宴。班禅率众胡图克图为乾隆帝诵经祝寿。九月二日，班禅到达京师，乾隆又多次赏赐，并为其在香山建"宗镜大昭之庙"。不料班禅出痘，于十一月二日在京师圆寂。乾隆闻讯十分悲痛，亲自安排护送灵柩回藏事宜，并将详情谕示达赖喇嘛知道，又命在北京西黄寺内为六世班禅建藏经卷、衣履石塔，名清净化域塔。

袁枚倡导性灵

　　乾隆时期，诗坛上袁枚、赵翼、蒋士铨自成一派，在诗论上坚持"性灵说"。时人称乾隆三大家。

清武英殿刻本《太平广记》

　　袁枚（1716～1797），字子才，号简斋。钱塘（今杭州）人。首创"性灵"说。在《随园诗话》中，他主张写诗应抒发个人"性情遭际"，"不可无我"，坚决反对拟古主义诗风。他的诗多描写生活经历，吟咏风花雪月、抒写闲情逸致。如《铜雀台》、《马嵬》、《谒岳王墓》等，缅怀往事，善出新意。有同情劳动人民苦难，鞭挞官场黑暗的，如《沐阳杂兴八首》、《俗吏篇》、《捕蝗曲》、《苦灾行》等，也有纪游述景诗如《登华顶作歌》、《独秀峰》《同金十一沛恩游栖霞寺望桂林诸山》等。袁诗众体皆备，而七律最胜，自成一格，语言明白晓畅，风格空灵清新。赵翼（1727～1814），字云松，号瓯北，江苏阳湖人。他论诗也重"性灵"，主创新，反对复古。在《诗论》中，他说："李杜诗篇万口传，至今已觉不新鲜。江山代有才人出，各领风骚数百年。"所著《瓯北诗话》，系统地评论了李白、杜甫、韩愈、白居易、苏轼、陆游、元好问、高台、吴伟业、查慎行等十家诗。赵翼的诗以五言古诗最具特点。如《古诗十九首》、《闲居读书六首》、《后园居诗》等，思想颇为新颖。七古如《忧旱》、《五人墓》，七律如《黄天荡怀古》、《赤壁》等，都很有特色，并在造句、对仗方面见出功力。语言浅近流畅，用典工巧灵活，风格明快自然。蒋士铨（1725 ~ 1784），字心馀，号藏园。铅山（今属江西）人。他写诗"不依傍古人，而为我之诗矣"，论诗亦重"性灵"，反对明代前后七子的复古倾向，反对沈德潜、翁方纲的"格调说"、"神韵说"。蒋士铨的诗，题材比较广泛，其中不乏揭露社会矛盾、同情人民疾苦之作，如《饥民叹》、《察隶役》、《乞人行四首》等，有一定社会意义。

总之，以袁枚为代表的乾隆三大家，诗论力主"性灵"说，较明代公安派、竟陵派更为全面完整，把我国古代诗论向前推动了一大步。

钱大昕著《廿二史考异》

清乾隆四十五年（1780），著名史学家钱大昕著成《廿二史考异》一书。

《廿二史考异》共100卷。《史记》5卷，《汉书》4卷，《后汉书》3卷，《续汉书》2卷，《三国志》3卷，《晋书》5卷，《宋书》2卷，《南齐书》、《梁书》、《陈书》各1卷，《魏书》3卷，《北齐书》、《周书》各1卷，《隋书》2卷，《南史》、《北史》各3卷，《唐书》16卷，《旧唐书》4卷，《五代史》6卷，《宋史》16卷，《辽史》1卷，《金史》2卷，《元史》15卷。23部史书中，《新唐书》、《宋史》、《元史》用力最多。

钱氏考史的重点在三个方面：官制方面，如秦汉的尚书和中书，唐朝的三省六部；舆地方面，如对秦汉的郡国，魏晋南北朝的侨置州郡；在氏族方面，如魏晋南北朝的门阀和谱系，辽金元的族、姓演变等等。

钱氏考证的方法，也有三点：一是取证。汇集大量的材料，主要是"正史"，加之以谱牒、野史作为参考，还运用一些金石材料以为佐证。所考必有证，无证则不考。二是比较。在众多的取证材料中，通过比较，得出异同，再观察先后的联系，然后断定史籍记载的真伪与是非。三是专题考察。抓出历史中的一些具体问题，作专题研究。如《考异》中的《侯国考》等。

通过考史，钱氏觉察廿二史都或多或少地存在一些谬误。虽然他是以考史为主，但也议论史书如何谬误。他曾指出，修史者往往有取材不当，不谙掌故，上下其手，众手不一，草率从事，随意褒贬，以及主编不才失职等等原因。并进一步指出，这些原因可以归结为两点：一是由于史家的学术水平和品德，一是由于官府修史制度。因此他提倡：既要加强史家的修养，又要改进修史制度。

然而，钱氏考史有着自身不可克服的矛盾，那就是："只是考典制事迹，而没有系统分析；只是博古，而不通今"。这也是乾嘉时期，政府对史学进行高压统治的结果。

古代家族祭祀祖先的太社活动

清朝

1781A.D. 清乾隆四十六年

二月，四库全书总目提要进呈。三月，尹嘉铨文字狱起，旋被处绞。甘肃回教徒马明心创新派，与旧派水火，嗣马氏被捕，其徒党循化苏四十三等起事，据河州，攻兰州，遣阿桂攻之。

1785A.D. 清乾隆五十年

正月，举行千叟宴。十二月，续修大清一统志并辽、金、元三史国语解成。

1786A.D. 清乾隆五十一年

台湾天地会首领林爽文等起事，遣兵攻之。

1788A.D. 清乾隆五十三年

正月，林爽文兵败被俘，解京磔死。

1789A.D. 清乾隆五十四年

十月，清册封阮光平为安南国王。

1790A.D. 清乾隆五十五年

承德避暑山庄成。四大徽班进京。

1783A.D.

9月3日，与美洲殖民地代表在巴黎签订正式和约，承认后者为独立国家。同日，又与法国及西班牙签订凡尔赛和约。

1784A.D.

联合王国首相小庇特之印度条例正式颁布，组织印度"管理部"，置东印度公司之政治与军事于英国政府之控制下。

席勒作《阴谋与爱情》。

1785A.D.

苏格兰人詹姆斯·赫顿著《地球之理论》，为近代地质学之先驱。

1786A.D.

彭斯形成独立风格。

布丰发表《鸟类自然界的历史》。

1788A.D.

6月，新罕普什尔州批准宪法（第九州批准者），宪法自此生效。

英人在植物湾建悉尼镇。

1789A.D.

7月14日，巴黎人民攻陷巴斯底堡（今法国国庆日）。20日，外省农民骚动开始，反革命派亦开始逃亡。

8月27日，公布人权宣言。

道观进入城市

　　为了清静无为地修持，道教一般在山林清静之地建观布道。但时至清代，来自帝王及社会上层的支持已经丧失，道观开始走出山林，进入城市。

　　早期道教家往往宣传成道成仙必须在三十六洞天、七十二福地长期修炼，与平民百姓明显隔膜。为了方便群众朝山礼拜，清代的皇观已由后山区前移了几十里，并在古常道观一带建立了新的宫观区，开始在人口稠密的聚居地建观布道。除皇观以外，清代修建和重修的位于城区的道观还有很多，如成都的青羊观，灌县的伏龙观、二王庙，昆明金殿太和城及三清阁，宝鸡金台观，天水玉皇观，中卫高庙，佛山祖庙等。这些大型道观在城市的建立，加强了与平民阶层的联系，增强了其号召力。因而适应了道教世俗化发展的需要。

　　在道观向城市进军的过程中，各地居民习惯崇拜的神祇逐渐进入道教活动领域，如文昌、天后、八仙、吕祖、关帝、天齐王等被认为是凡人修炼成仙的范例，他们比道教的正统神祇更为重要，因而为它们单独建观。同时，由于这些神祇的慈善活动与人民日常生活休戚相关又为人民所熟知，因而更具宗教宣传效力。而一些地方举行的庙会，因迎合了人民造福祈寿的愿望，具有广泛群众性、娱乐性等特点，所以受到了极大的欢迎。

　　进入城市的道教除了活动内容有极大改变外，建筑格局也发生了极大的变化，这时的道教宫观一般都比较小，多为独院式小庙，大型宗教建筑群已绝少出现，民居建筑风貌极为鲜明。虽有些依然有工整的总体布局，或依山傍水，有若园林，但多比较自由，无固定格式，同时充分利用当时的技术条件，表现仙人楼居和登天得道的构思。典

道众诵经

型的如中卫高庙的后半部，建于高台基及城墙之上，利用高度优势，增建了三层楼阁，实现了天门、天桥、天池、天宫等天界瑶池的构想。由于位于城市，朝拜人数相对增多，因而大体量主殿已开始出现，如成都青羊宫三清殿中柱高达 15 米，总面积达 1000 平方米。

为了争取民众的信奉，清代道观糅进佛道的趋向更为突出，有些甚至释道儒三教合流，信仰内容混杂。如中卫高庙的佛道参半就是其中一例。

总之，清代道观进入城市，加速了道教的民间化、世俗化进程，对平民生活产生了直接的影响。

回族清真寺风格形成

在清代，伊斯兰教已发展成为一个信徒广泛的宗教，信徒达 10 万人以上，宗教色彩已渗透到伊斯兰教民族社会生活的一切领域，其建筑艺术也因此形成了鲜明的宗教和艺术特色，在这方面，作为宗教活动主要场所的清真寺则更具代表性。回族清真寺风格就是在此时最终形成的。

牛街清真寺后窑殿及宣谕台

与所有伊斯兰教清真寺一样，回族清真寺的礼拜寺都面东背西，以使教民面对圣城麦加朝拜。由于各种原因，为了达到这一目的，不得不采用比较复杂的平面布局，使建筑布局艺术呈现多样化，如北京牛街清真寺、太原大南门清真寺等。由于聚居一地的教民都必须集中礼拜，因而礼拜寺面积一般较大，这就对屋顶的构筑提出了特殊的要求，同时，随着人口的增加，礼拜寺不得不不

北京牛街清真寺礼拜殿内景

断扩建，因而回族清真寺的主体建筑往往面积大且富于变化，组合式坡屋顶被广泛采用，多者达五座屋顶勾联相接，如山东济宁西大寺的屋顶从前到后依次采用卷棚顶、单檐庑殿顶、重檐歇山顶，高台基有周围廊的重檐歇山顶等五种屋顶，层次清楚，气势联贯。

装饰华美是回族清真寺风格的另一个主要方面。图案以几何纹、植物纹和文字为主，无动物纹样。由于不设偶像，所以室内少了龛柜幡帐等装饰品，平面化装饰较多，因而更注重繁简对比变化，使构图均衡协调，形成了清新明快、富有生活气息的特色，无佛道建筑装饰中表现神秘怪诞的气氛。

回族清真寺最值得重视的风格则是完美地融合各民族建筑风格的特色。这种建筑物吸收汉民族建筑传统，采用院落式布局原则，有明确的轴线对称关系，大量应用中国特色的小品建筑如牌楼、影壁、砖门楼、屋宇式门房等，将主殿衬托得更加宏大，甚至其特色建筑——邦克楼，也被做成亭阁式样，中国特色十分明显，使这些东渐的宗教建筑富

建于乾隆四十三年（1788）的宁夏银川海宝塔

宁夏同心清真大寺

有浓郁的东方情调。中国传统的砖雕、木刻也在回族清真寺建筑中被广泛使用。

总之，回族清真寺建筑在中国民族艺术手法的统摄之下，将强烈的装饰性、浓郁的生活气息、大体量殿堂与高细的邦克楼相对比产生的特有的建筑轮廓完美地熔于一炉，构成具有伊斯兰教特色的宗教建筑，广泛地分布于中国各地。

苏四十三起义

乾隆四十六年（1781）三月十八日，回民新教教徒苏四十三率众起义。

早在乾隆二十六年（1761），安定人马明心创立回教新教，旨在革除老教的门宦制度，他提出了一些迎合当时农民愿望和要求的主张，使新教迅速传播，形成盛于旧教的局面。由此新、旧教之间产生激烈冲突。至乾隆四十六年三月，循化地区新教和旧教发生械斗，新教首领苏四十三、韩二等攻击旧教各庄，造成大规模流血事件。清朝地方官为旧教撑腰，总督勒尔瑾派兰州知府杨士玑、河州副将新柱带兵镇压新教，从而使新旧教的斗争转化为反清斗争。苏四十三等人愤然杀死杨士玑、新柱，攻占台堡。二十一日，起义军攻占河州城，放出监犯后，又进逼兰州。清廷命大学士阿桂等率兵前往镇压。四月六日，清军收复河州，然后兵聚兰州，苏四十三等率众占领兰州城西南华林山，设寨坚守。六月十五日，阿桂等命清军四面环攻，推土填壕，破栅断水，还抛投火弹。起义军寡不敌众，弹尽粮绝。清军破寨而入，苏四十三牺牲，余部退守华林寺。七月六日，清军火烧华林寺，起义军全被烧死。苏四十三起义失败后，清政府下令设立乡约，禁止新教。

和珅调查国泰贪污案

乾隆四十七年（1782）四月四日，乾隆命和珅等人往勘山东巡抚国泰贪污案。

本年春，御史钱沣上疏弹劾山东巡抚国泰与布政使于易简，指斥二人贪纵营私，恣意攫贿，吏治废弛，府库空缺。四月四日，乾隆阅奏后，立即命尚书和珅、左都御史刘墉和御史钱沣前往查办。和珅与国泰关系密切，因此极力袒护国泰。钱沣对此十分清楚，便提前数日微服至良乡，见和珅仆役骑马往山东送信，便记下送信人的特征，

钱沣像

待他回来时，令左右搜其身，果然得到国泰写给和珅的私信，言及已借银填库备查等内情。钱沣立即将该书信上奏。和珅知预谋败泄，查办时不敢再懈怠徇情。七月八日，乾隆以国泰、于易简亏库银200余万两，命他们在狱中自尽。和珅因此深恨钱沣，并于乾隆六十年将钱沣毒死。

129

翁方纲倡导肌理说

翁方纲（1733～1818），字正三，号覃溪，直隶大兴（今北京）人。乾隆十七年（1752）进士，官至内阁学士。一生精于考据、金石、书法之学，是清代肌理说诗论的创始人。

翁方纲调和、修正王士禛神韵说和沈德潜格调说，创立"肌理"诗论。它包括两方面的内容：一是以儒学经籍为基础的"义理"和学问，一是词章的"义理"。他说："义理之理，文理之理，即肌理之理也。"他认为：宋、金、元诗接唐人之脉而稍有变化。而明代诗人只是因袭格调，具有真才实学的人并不多，只有清代经学发达，可以用经术为诗。这种主张，是当时统治者极力提倡经学、提倡考据学在文学上的反映。实际上，翁方纲用"肌理"说来重新解释"神韵说"和"格调说"，籍以使复古诗论重振旗鼓，继续与袁枚等人倡导的"性灵"说相抗衡。

翁方纲兰亭题跋

在诗法上，翁方纲也主张求儒复古。在《书空同集后十六首》中，他写到："史家文苑接儒林，上下分明鉴古今。一代词章配经术，不然何处觅元音？"翁诗片面强调诗歌的考证作用和史学价值，把诗和经术、史料混为一谈，是一种模糊文学特征的主张。

翁方纲一生作诗甚多，主要是考订经史，勘研金石的"学问诗"。这类诗多七言古诗，诗前有序或题注，如《成化七年二铜爵歌》、《书空同集后十六首》、《诗法论》、《石洲诗话》等，所作之诗几乎可以视作学术文章，佶屈聱牙，毫无诗味。其中也不乏记述自己生活行踪、世态见闻或描写山水风景之作，如《韩庄闸二首》等，寄情山水，颇有宋诗的清新气息。

翁方纲的"肌理说"与乾嘉考据学派相表里，对晚清宋诗运动有一定影响。

福康安被重用

福康安为已故大学士兼军机大臣傅恒之子。乾隆四十六年（1781），原四川总督文绶治政不力，被革职遣戍伊犁，福康安因此被调补为四川总督。乾隆四十八年（1783）六月，因福康安颇有政绩，又被调入京师，任军机大臣。当时福康安兄福隆安、弟福长安同时在军机处任职，兼领兵、工、户三部，一时傅家势倾一朝。乾隆五十一年（1786）十一月，林爽文在台湾起义，清廷总兵官郝壮猷失败被斩。次年八月，福康安

故宫三希堂。堂中珍藏乾隆心爱的 3 件书法：王羲之"快雪时晴帖"、王献之"中秋帖"、王殉"伯远帖"。

被授予将军之职领兵赴台镇压起义。十一月，福康安率军击败起义军，解诸罗之围，随后又和参赞柴大纪会合，攻占了大里杙。乾隆五十三年（1788）正月，福康安俘获林爽文，并率兵进入台湾府城。福康安因平定台湾有功，更得朝廷重用，成为乾隆后期的重要权臣。

《逆臣传》始编

乾隆四十八年（1783）十月二十五日，乾隆帝谕示国史馆，依照《贰臣传》体例，编纂《逆臣传》。他说：修国史是为了惩恶扬善，信今传后。前代诸史，都由后世史官编纂，胜朝事迹，历年久远，收集不易，往往辑录不全，褒贬失当，所以不如现在及早采集，以免闻见失真，传疑袭误。乾隆还认为，国史体例与历代史不同，馆臣纂辑，应据事直书，不用分别各门。只有《贰臣传》

一门，曾降旨分甲乙两部分编撰，是本朝首创。这是扶植纲常，为世道人心之举，自当另立专门，以存直道。至于叛逆诸臣，如吴三桂等，也应列明罪状，另立一门，以示严明。于是，国史馆官员遵照乾隆帝的谕旨，根据实录及军机处档案，将乾隆四十年以前的满汉臣工、宗室王公、蒙古王公中的叛逆者，编入《逆臣传》，进呈圣上，钦定成书颁行，并将《逆臣传》录入四库全书，垂为信史。

乾隆第六次南巡

乾隆四十九年（1784）正月二十一日，乾隆从京师出发，开始第六次南巡。

乾隆帝将所经之地直隶、山东本年应征的地丁钱粮减免了十分之三，所有办差文武各官，住俸、罚俸、降级各案，准许他们重新审核；如无此等参罚案件，则各加一级。乾隆经德州，历泰安，在晏子祠行宫写成《济水考》一文。他沿途拜谒了少昊陵，在曲阜谒见了孔子庙，遣官祭祀了颜回、曾子、子思、孟子祠以及一些已故大臣祠堂。三月，他进入浙江境内，视察了沿海石塘工程；闰三月，到达江宁（今南京），接见了安南国（今越南）使臣黄仲政等，并派遣官员祭祀明太祖陵。四月二十三日，乾隆帝一行返回京师。

这是乾隆最后一次南巡，为此他撰写了《南巡记》一文，总结性地叙述了六次南巡的原因、目的及成效。

甘肃回民起义

乾隆四十九年（1784）四月十五日，田五领导的石峰堡回民起义爆发。

自从乾隆四十六年苏四十三领导的新教回民起义失败后，清军在循化和洮河以南地区对新教徒大加杀戮，激起了新教回民更猛烈的反抗。田五为伏羌县（今甘谷）新教阿訇，他聚众以为马明心、苏四十三复仇为名，再次发动武装起义。起义事先作了相当的准备，预筑石峰堡为据点，造旅帐兵械。起义后，田五率众沿沙沟一带进攻靖远，陕甘总督李侍尧、固原提督刚塔等率兵前往镇压，起义军奋死抵抗，首领田介洪、吴二、韩二先后战死，田五受伤后自刎身亡。余众在马四娃、张文庆领导下，从靖远渡黄河，攻克通渭，队伍扩展至数千人。清廷命大学士阿桂为将军，福康安、海兰察为参赞大臣，带领火器营、健锐营前往镇压，义军交战不利，退入石峰堡死守。清军层层围困，掘濠断绝水道，并开炮轰击，投掷火弹。义军难以坚守，于七月底冒死突围，但未成功，清军乘机攻入石峰堡内，张文庆、马四娃及起义军2000多人被俘，起义失败。

清时期的回教男子

乾隆登基五十年

乾隆五十年（1785）正月，乾隆帝举行御极五十年庆典。

正月一日，乾隆帝颁诏天下：王妃、公主以下，乡君及满汉大臣命妇以上，年过60的，都给予恩赐；八旗满洲蒙古汉军兵丁和民众，及内扎萨克喀尔喀等蒙古未经入宴，年纪在70、80、90岁以上的，分别赏赉。百岁老人，则题明给与建坊银两，并加赏大缎一匹，银10两；各省儒学，以正贡作恩贡，以次贡作岁贡；国子监贡监生及各官学教习，减免坐监期一个月，内外满汉大臣文武官员，均加一级；各直省军流以下人犯，都减等发落。二日，乾隆帝御重华宫，召大学士及

乾隆雪景行乐图

内廷翰林等恭宴，用千叟宴联句；同日又御紫光阁，赏赐蒙古王公台吉、朝鲜国、暹罗国使臣，并宴请金川土司。六日，乾隆帝御乾清宫，举行千叟宴，宴请亲王以下暨士商兵民等年愈60岁者3000多人。此次盛会，耗银100多万两。

大清盛世时期

台湾林爽文起义

"平定台湾图"所绘枋寮之战

"平定台湾图"所绘生擒庄大田

乾隆五十一年（1786）十一月二十七日，台湾林爽文率众起义。

林爽文，原籍福建漳州，乾隆三十八年随父迁居台湾彰化县大里杙庄。后来，他加入天地会，成为彰化天地会首领。乾隆五十一年十一月，彰化知县派兵查缉天地会，焚掠村庄，民不堪其扰。林爽文乘机以"安民心，保农业"为口号，发动起义。义军攻占彰化，杀知府孙景燧等。林爽文被推举为顺天盟主大元帅，杨振国为副元帅。南部凤山天地会首领庄大田等闻风响应，攻取凤山，与林爽文遥相呼应，义军声势大振，乘势攻占淡水、诸

罗等城。乾隆五十二年（1787）正月，林爽文领军水陆并进，攻打台湾府城。闽浙总督常青派水师提督黄仕简等领兵2000前往镇压，陆路提督任承恩，以及台湾总兵官柴大纪也分别率军前后夹攻义军。在敌众我寡的情况下，林爽文在盐埕桥失败，退往彰化。三月，起义军乘凤山城空虚之际，再次攻占凤山县城，杀伤官军3000多人，清总兵官郝壮猷败回台湾府城。八月，清政府加强了对义军的攻势，增调10万兵力赴台，并任命福康安为将军，领军前往镇压。十一月，福康安率军击败起义军，解诸罗之围，随后又和柴大纪会合，攻占大里杙。乾隆五十三年（1788）正月，林爽文、庄大田等被俘，官军进驻台湾府城，起义终告失败。

孔广森建阴阳对转论

清代戴震的古韵九类二十五部中已初见阴阳对转论的端倪，称之谓"阴阳二声相配"。他的弟子孔广森明确地提出了这个理论，并首先采用"阴阳对转"这个术语。

孔广森（1752~1786），字众仲，一字扰约，号㢲轩，山东曲阜人，乾隆进士。他是清代著名的经学家、音韵学家，乾嘉学派中皖派的重要人物，音韵学著作有《诗声类》、《诗声分例》等，充分展示了他在戴震、段玉裁两家音学基础上的进展。

他分古韵为十八部，其中阴声九部，阳声九部。这十八部是在段的十七部基础上，从东部中分出冬部；从侵谈二部中分出合部；真、文合并一部；真部入声字改立脂部而成的。他提出的阴阳对转学说，指的是：汉语古韵韵母本分三类：阴声、阳声、入声。对转就是阳声韵的字或入声韵的字可以因为鼻音韵尾、塞音韵尾的失落转为阴声韵的字；同样，阴声韵的字也可因增加鼻音韵尾、塞音韵尾而变成阳声韵或入声韵；此外，阳声韵和入声韵也可以对转，当然这些对转是有条件的，必须符合主要元音不变的原则。如"衣"读作"殷"就是从阴声韵转入阳声韵，但必须保证主要元音 i 保持不变。这就是孔广森提出的"此九部者，各以阴阳相配而可以对转"，并把入声作为阴阳对转枢纽的阴阳对转理论。

阴阳对转理论在对上古韵部进行科学整理和严密划分的基础上，为上古韵部的拟构提供了重要依据，是古韵学的重要发现之一。

廓尔喀兴兵侵藏

乾隆五十三年（1788）七月，廓尔喀以税金过重和食盐掺沙为由，举兵

大清盛世时期

入侵西藏。

乾隆四十五年（1780），六世班禅在京师圆寂后，其所得赏赐、布施金银几十万两，以及各种宝物，均被其弟仲巴胡图克图侵占，另一弟沙玛尔巴一无所得。沙玛尔巴对此怀恨在心，于是潜赴廓尔喀（今尼泊尔），唆使其出兵劫掠扎什伦布寺的财产。同年七月，廓尔喀巴勒布以税金过重和食盐掺沙为借口，举兵侵入西藏，占领聂拉木、宗喀、济咙等地。清政府闻讯派遣侍卫大臣巴忠、四川将军成德和总督鄂辉统领军队赴藏迎敌。巴忠等到达西藏后，拥兵不战，指使西藏地方当局与廓尔喀举行谈判，且不经过达赖喇嘛的同意，私自答应每年给廓尔喀一万五千两银子，作为其退还所侵占的西藏土地的代价。廓尔喀退兵后，巴忠即向朝廷报称廓尔喀投降归顺。

次年三月二十二日，清军从西藏班师。然而达赖喇嘛不愿无偿给廓尔喀银两，遂埋下了双方再起纠纷的祸端。

巨型玉雕"《大禹治水图》玉山"刻成

乾隆四十六年（1781），乾隆皇帝谕旨内务府造办处画工以宫中所藏《大禹治水图》画轴为蓝本，设计绘制玉山雕刻画稿，并依稿刻蜡样和木样，以采自新疆叶尔羌西南的密勒塔山巨大玉山石料作石料，依木样将玉料雕刻成粗坯。继将粗坯运至扬州进一步精雕细刻。至乾隆五十二年（1787）完工，运回北京。又命玉工在器上刻磨铭文和边款等。至此巨型工艺玉雕"《大禹治水图》玉山"刻成，又称"密勒塔山玉大禹治水图"，或"大禹开山图"。同年起奉旨陈设在清宫（故宫）乐寿堂至今。

整座玉雕重约5300公斤，高2.24米，最宽剖

"大禹治水图"玉山局部

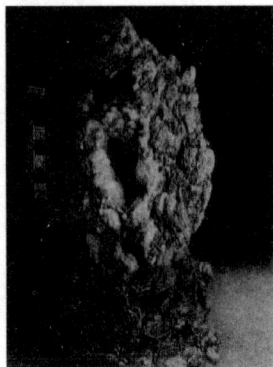

"大禹治水图"玉山

136

析断面为 0.96 米，下配以高 0.6 米的山形铜嵌金银丝座。山石正面阴刻"五福五代堂古希天子"的篆书方印，背面岩石处阴刻弘历皇帝撰写的《题密勒塔山玉大禹治水图》的御制诗及其自注共千余字。整座玉山，卓立如峰，气势磅礴，令人叹为观止。只见险峻的山岩峭壁上，成群结队的民工或挥锤击石，或凿山开渠或镐创砂砾，或以杠杆开山取石……人物各具姿态，神情栩栩如生，实是工艺品中的杰作。

乾隆扩建避暑山庄

　　清朝初年，为巩固北部边防，就近处理边疆民族事务，也为夏季避暑游赏，习武狩猎，康熙四十二年（1703）始建避暑山庄。乾隆时再次扩建和改造，于乾隆五十五年（1790）建成。

　　承德位于群山环抱之中，是集山、水、建筑浑然一体而又富于变化的园林。其中有康熙皇帝用四字题名的三十六景和乾隆皇帝用三字题名的三十六景。整个山庄大致可分为宫殿区、湖泊区、平原区和山岳区四个部分。

承德避暑山庄烟雨楼

　　宫殿区位于山庄南端，包括正宫、松鹤斋、东宫和万壑松风四组建筑群。正宫在西侧，是皇帝处理政务和居住的地方。主殿"澹泊敬诚"全由四川、云南的名贵楠木建成，素身烫蜡，雕刻精美。松鹤斋在正宫之东，由七进院落组成，庭中古松耸峙，环境幽清。东宫在松鹤斋之东，已毁于火。万壑松风在松鹤斋之北，是乾隆幼时读书处，富有南方园

象征民族团结的承德普陀宗乘之庙

137

林建筑特色。

湖泊区位于宫殿区之北,湖中长堤、小桥、亭榭等曲径纵横相连。湖岸辉映,层次丰富,一派江南水乡景色。建筑采用分散布局手法,园中有园,天然与人工和谐统一。整个湖区为远山近岭所环抱,山岭屏列于园内西北部,形状奇特的磬锤峰、罗汉山、僧冠峰隔武烈河与山庄相望。承德外八庙中的普宁寺、普乐寺、安远庙隐现在群峰之中。

平原区位于湖泊区北岸,这里过去古木参天,绿草如茵,驯鹿成群,野兔出没,是狩猎的好地方。"试马埭"曾是表演摔跤、进行赛马的场所。平原西侧山脚下的"文津阁",是清代七大藏书楼之一,曾珍藏《古今图书集成》和《四库全书》各一部。

山岳区位于山庄的西北部,这里登高远望,别有一番情趣。

模拟全国风景名胜,是避暑山庄的另一特点。湖泊区仿佛是江南水乡;北边的草地仿佛是北方蒙古草原;山上的宫墙仿佛是万里长城。在这山水之间,模仿建造的有苏州千尺雪、笠亭、狮子林,南京报恩寺,泰山碧霞祠和斗姥阁,嘉兴烟雨楼、杭州西湖苏堤,宁波天一阁,绍兴兰亭,滁州醉翁亭,蒙古大毡包等。再加上"外八庙"摹仿藏、蒙民族喇嘛寺庙,使得整个山庄就是一个多民族的具体形象。

避暑山庄,是中国现存占地最大的古代离宫别苑。作为一处集锦式的大型皇家园林,它的布局立意、造园手法在中国古代宫苑中占有重要地位。

清策封安南国王

乾隆五十三年(1788)十一月二十日,清廷再封黎维祁为安南国王。

原安南国王黎维褍死后,其长孙维祁嗣立。后来阮岳称帝,封其弟阮惠(阮光平)为北平王。不久,兄弟二人间产生矛盾,互相攻杀,黎维祁乘机攻占了阮惠所居的长安。阮惠大怒,派兵攻打黎维祁,黎维祁败退入广西境内,并请清朝援助。乾隆五十三年(1788)十月,乾隆命两广总督孙士毅督师出援。十一月,孙士毅与广西提督许世亨率兵一万攻入安南,击败阮惠。孙士毅传旨,封黎维祁为安南国王。

　　孙士毅占据黎城后，既不班师入关，又不严密设防，元旦之夜在军中饮酒作乐。阮惠探知虚实后，用诈降计，分兵突袭，大破清军。孙士毅渡过富良江逃跑，提督许世亨及其部众万余人全部战死。阮惠重新控制安南。

　　当时，阮惠正与暹罗（今泰国）交战，国内宗族也未全部归顺，又担心清军再次征讨，所以阮惠不断遣使求贡，赍表请降，并恳求清廷册封他为安南国王。阮惠还恳请入京进觐，为乾隆80岁生日祝寿，并允诺为许世亨等建庙祭奠。在这种情况下，乾隆决定许贡允降。乾隆五十四年（1789）六月二十二日，乾隆帝废黎维祁，十月，下令封阮光平为安南国王。不久，又命黎维祁率所属来京，归汉军旗，编一佐领，由黎维祁担任掌管。

徽班进京·各擅胜场

　　徽班，是以安徽籍（特别是安庆地区）艺人为主，兼唱二簧、昆曲、梆子、啰啰腔等腔的戏曲班社，开始多活动于皖、赣、江、浙诸省，尤其在扬州地区，更以"安庆色艺最优"。清乾隆五十五年（1790），扬州"三庆"徽班被征调进京，为高宗弘历祝寿，成了徽班进京的开始。此后，四喜、

杨柳青戏剧年画战宛城

启秀、霓翠、和春、春台等徽班相继进京。六徽班在不断的演出中，逐渐合并成三庆、四喜、春台、和春四大徽班。

　　当时，正是地方戏曲勃兴的时期，不少新兴的地方剧种已先流入北京。如高腔（时称京腔）和秦腔。徽班特别吸收了秦腔在剧目、声腔、表演方面的精华，又合京、秦二腔。四大徽班在适应北京观众多方面的需求和发挥各班演员的特长的同时，逐渐形成了各自不同的风格：三庆擅长连演整本大戏；四喜擅长演唱昆曲，和春擅于演武戏，春台以童伶戏见长。所以有"三庆的轴子，四喜的曲子，和春的戏子，春台的孩子"之说，出现了四徽班各擅胜场的局面。

139

清嘉庆、道光年间，汉调（楚调）艺人进京参加徽班演出。徽班又兼习楚调之长，为汇合二簧、西皮、昆、秦诸腔向京剧衍变奠定了基础。

四大徽班进京被视为京剧诞生的前奏，在京剧发展史上具有重大意义。

清廷建南北大阁藏书

清代的政府藏书机构，以乾隆时为收藏《四库全书》而修建的南北七处藏书阁最为著名。

清建南北七阁包括北方内廷四阁和南方的江浙三阁。北方四阁即故宫的文渊阁、北京北郊圆明园的文源阁、盛京（沈阳）的文溯阁和河北承德避暑山庄的文津阁。四阁之名按照乾隆皇帝的御意："盖渊即源也，有源必有流，支派于是乎分焉。欲从支派寻流以溯其源，必先在乎知其津。"以水喻文，表学问之道。

北京紫禁城内（故宫）的文渊阁，竣工于乾隆四十一年（1776）。阁东侧碑亭内石碑上刻御制《文渊阁记》。阁书辗转迁往上海、重庆、南京、台湾等地。现收存于台湾故宫博物馆。北京西郊圆明园文源阁的阁书，则在咸丰十年（1860）英法联军攻占北京时毁于战火。盛京的文溯阁于乾隆四十七年（1782）开建，有御制《文溯阁记》。阁书在清末沙俄侵略东三省时，曾有所丢失。1914年将阁书运往北京，1925年重新运回奉天图书馆。热河避暑山庄的文津阁，竣工于乾隆三十八年（1773）。1915年，阁书移交京师图书馆，即今北京图书。文津阁中有一部保存最完整的《四库全书》。

乾隆皇帝考虑到江浙向来是人文渊薮，为满足好古之士阅读宫中秘藏书的愿望，同时扩大《四库全书》的影响，决定再抄修三份《全书》，分藏于扬州文汇阁、镇江文宗阁及杭州文澜阁。三阁建制大都仿造范氏天一阁。乾隆五十五年（1790），御赐三阁《古今图书集成》各一部。南三阁藏书有人专管，允许江南士子前往阅览传抄，在一定程度上起了公共图书馆的作用。在以后的半个多世纪里，三阁实际成为江南图书集聚与传播的中心。可惜三阁图书在太平天国进攻当地时，大部分毁于战火。

四大名绣登峰造极

　　清代民间染织业空前发展，刺绣也很发达，宫廷、民间以及边远少数民族刺绣全面发展，三者互相影响，互相竞争，既自成体系，又各有千秋。产品除民间自用外，还作商品出售，清代后期还大量出口外国。刺绣的商品化大大推动了各地民间刺绣的大发展，尤以江南民间刺绣水平发展最快，出现了苏绣、湘绣、蜀绣、粤绣等"四大名绣"。

　　苏绣是指江苏地区以苏州为中心的刺绣。宋元时苏州已有作坊集中的"绣线巷"；明末出现顾绣，清代更称苏州为"绣市"，并且设苏州织造局。苏绣制品由于使用要求不同，大体上形成两种不同的风格的刺绣品种，一类主要是欣赏品，多以名画为稿本，作

粤绣百鸟朝凤镜芯

工精细，多出自名门闺媛之手，又称"闺阁绣"。一类主要为日用品，多出于民间作坊与农村妇女之手，题材多为花鸟蝶鱼，寓意吉祥如意。此类日用品又有服饰品、床上用品与佩饰品三种。苏绣特点是典雅秀丽，绣工精细。苏绣针法很多，有套针、抢针、打子、拉梭子、盘金等，尤以套针为主，绣线套接不露针迹。常用三四种深浅不同的同类色或邻近色相配，套绣出晕染自如的色彩效果。花纹边缘留有水路，针脚整齐，绣面厚密微突，有薄浮雕之感。纹样富于装饰味，构图紧密。此外清代苏绣还出现了双面绣，能在一次刺绣过程中使绣品具有两面完美的刺绣效果，更是刺绣中的珍品。

　　粤绣包括广绣和潮绣。据说唐代已有，明代中后期已形成独特风格。清代粤绣制品主要有实用品与装饰品两种，又因为用料不同，又分为绒绣、线绣、钉金绣、金绒绣等四种类型，其中尤以加衬垫的钉金绣最著名。其特点是：多用马尾毛、孔雀羽刺绣，配色讲求明快华美艳丽，并喜用金线作轮廓

线，花纹繁茂，色彩富丽，金碧辉煌，充满热闹欢快的气氛；常采用百鸟朝凤、海产鱼虾以及佛手瓜果一类题材，具有浓厚的地方特色。最主要的针法为擞和针、套针和拖毛针。绣工与其他地区不同，多为男工。清代中期后，粤绣大量出口。光绪二十六年（1900），经广州海关出口的粤绣价值高达496750两白银。为适应海外要求，粤绣由写意转向写实，用色讲求明暗效果，出现异国风味。

蜀绣是以四川成都为中心的一种刺绣。其历史悠久，汉末三国时就与蜀锦并称，五代两宋进一步成熟，清代中后期形成体系。其特色是采用本地软缎彩线，厚重鲜丽；用针工整，平齐光亮，丝路清楚，花纹边缘针脚如刀切般整齐。产品多以生活用品为主，也有部分装饰品，多表现花草鸟鱼，如平沙落雁、黄莺翠柳、玉猫千秋、芙蓉鲤鱼等，富于诗情画意，又自然淳朴，具有民间特色。

湘绣是指湖南地区以长沙为中心的刺绣。早在汉代（1972年长沙马王堆汉墓出土刺绣）就已出现，清代后期形成独具风格的刺绣体系。其特点是擅长表现走兽，富于写实，追求刻划形象的逼真，具有浓厚的生活气息；劈丝细若毫发，且经荚仁液蒸发处理，不起毛；针法以参针为最有特色，可点染阴阳浓淡，形成色彩渐变效果，还可表现物象的立体感；配色以深浅灰及黑白为主，素淡雅致。产品以画绣欣赏品为主，也有日用装饰品。

清代民间刺绣除了江南四大名绣，北方还有京绣、汴绣（河南开封）、鲁绣（山东）等，多富于北方地方特色与艺术情调。

顾绣《西湖图册》之"柳浪闻莺"　　顾绣《西湖图册》之"双峰插云"

1791 ～ 1800A.D.

清朝

1791 A.D. 清乾隆五十六年

三月，哈萨克汗斡里苏勒坦遣子入觐，并奏报俄罗斯、土尔扈特情形。

《红楼梦》程甲本、程乙本流行。

1792 A.D. 清乾隆五十七年

五月，福康安攻入廓尔喀界。七月，廓尔喀请降。九月，颁金奔巴瓶于西藏。十月，高宗作《十全武功记》。

1793 A.D. 清乾隆五十八年

正月，定西藏善后章程。八月，英吉利遣使马戛尼入华，请派人居中国管理贸易。

1795 A.D. 清乾隆六十年

九月，立皇十五子嘉亲王颙琰为皇太子，次年元旦为皇帝，改元嘉庆。

1796 A.D. 清仁宗睿皇帝颙琰嘉庆元年

正月，高宗为太上皇帝，仁宗即位。白莲教徒聂杰人等起事于湖北枝江、宜都；遣兵击之。二月，聂杰人被俘卒死。

1798 A.D. 清嘉庆三年

十二月，白莲教首领罗其清被俘，卒。

1792 A.D.

美国政党开始出现，其一为以哲弗逊为领袖之共和党（后改为民主党）。另一为以汉密尔顿与约翰·亚当斯为领袖之联邦党。

1793 A.D.

1月21日，处死路易十六。雅各宾党专政确立。10月16日，处死王后马利·安他内特。

1794 A.D.

7月28日，罗伯斯庇尔被处死刑。

1795 A.D.

俄、普、奥三国第三次瓜分波兰。波兰亡。

1796 A.D.

5月，拿破仑被任命为征意军司令，率兵入意。

1798 A.D.

2月，法国入罗马，俘获教皇庇岛六世，建立罗马（台伯尔）共和国。马尔萨斯发表《人口论》。

1799 A.D.

欧洲各国组第二次反法大同盟。11月9日（雾月18日），在拿破仑影响下巴黎发生政变，督政府被推翻，另立执政府代之，拿破仑为第一执政。

福康安领兵平定西藏

乾隆五十七年（1792）八月二十二日，福康安平定西藏，廓尔喀降清。

乾隆五十六年十一月二日，廓尔喀大举入侵西藏，洗劫扎什伦布寺。爱新觉罗弘历（高宗）授福康安为将军，海兰察、奎林为参赞大臣，统兵由青海入藏，反击廓尔喀入侵。清政府一面调整四川省封疆大吏，一面从金川、东北、四川调兵，并藏内官兵，共约 1.7 万余人，开赴前线。

福康安像

乾隆五十六年十一月，福康安受命驰抵后藏，立即整兵进行反击，在擦木、邦杏等地连获胜仗，随后又收复济咙，歼敌千余人。济咙以外，高山耸峙，行走艰难。福康安把清军分成两路，他自率一路由济咙直夺界隘热索桥，成德等则率另一路由聂拉木直奔关隘铁索桥。乾隆五十七年六月，福康安领兵抵达廓尔喀关津热索桥。这里两边是悬崖峭壁，前面又有河流阻挡，敌人设碉卡防守，难以攻取。福康安便派兵潜至上游捆木渡河，分兵三股，奇袭敌军。廓尔喀兵败退，清军占卡焚栅，夺桥前进。成德率另一路清军也攻碉夺卡，占据山梁，

强夺铁索桥。福康安和成德分别领军夺渡热索桥和铁索桥后，翻越高山，攻占要道，深入廓尔喀境内数百里，很快逼近了廓尔喀都城阳布（今尼泊尔首都加德满都）。这期间，孙士毅、和琳、鄂辉、惠龄在前后藏、东西路也源源不断地把粮食、火药等物资运到军前。七月八日，廓尔喀国王感到势穷力竭，表示愿送还所掠扎什伦布寺财定、金塔顶、金册印，并呈献沙玛尔巴骨殖，认罪乞降。

乾隆自庆十大武功

乾隆五十七年（1792）十月三日，因允准廓尔喀国王修贡停兵议和，乾隆帝亲撰《十全记》，记述执政以来的"十全武功"，谕令军机大臣将此文缮写满、汉、蒙、藏四种文字，建盖碑亭，以昭武功而垂久远。

这"十全武功"是：平准噶尔为二，定回部为一，扫金川为二，靖台湾为一，降缅甸、安南各一，二次受廓尔喀降。

洪亮吉论人口

中国从明代开始出现了长时期的人口激增，到清代中叶已突破 4 亿大关。乾隆五十八年（1793），全国人口 30746.72 万余，较康熙四十九年（1710）的 2331.22 万余增加 12 倍。人口问题引起了有识之士的忧虑和深思。人们逐渐萌生出新的人口观念，开始放弃人口众多是经济繁荣、国家强盛的表现的观念。在此基础上出现了洪亮吉这样的杰出人口思想家。

洪亮吉（1746 ~ 1809），字君直，号北江，江苏阳湖（今武进县）人，于乾隆五十五年（1790）考中第一甲第二名进士，被授予翰林院编修的官职。当时正值人口急增时期，各种社会矛盾加深，洪亮吉对此进行了深刻思考，在乾隆五十八年（1793）撰成《治平篇》和《生计篇》，系统阐述了他对人口问题的看法。

洪亮吉认为，"治平"是造成人口激增的社会条件，人口在安定条件下会成倍增长（即马尔萨斯所说的呈几何级数增长），因此严重的社会问题就会随之而出现：第一，人口高速增长而物质生产跟不上人口增长步伐，必然导致每人平均占有的田地和房屋日趋减少，"户口增至十倍、二十倍"，而田地、房屋"不过增一倍而止矣，或增三五倍而止矣"，就造成"田与屋之数常处其不足，而户与口之数常处其有余也"；假如又加上"兼并之家"巧取豪夺形成的"一人据百人之屋，一户占百户之田"等情况，人口与生产和生产资料的矛盾势必更加突出。所有这些，都会造成人民生活水平的下降。第二，人口激增会使社会动荡不安。一方面因为有大量失业人口，"户口既十倍于前，则游手好闲者，更数十倍于前"；另一方面，因人口过多，教育也难以普及，造成人口素质下降。

　　在论述存在的人口问题的同时，洪亮吉提出两条调和人口与物质资料之间增长的矛盾的途径："天地调剂方法"和"君相调剂方法"，前者是借助天灾、人祸及各种疫疾造成人口大量死亡；后者是采取各种措施发展生产，增加物质财富。这两条途径虽然都不能从根本上解决问题，但他的观点在当时是进步的。

颁行金奔巴瓶制度、《钦定西藏章程》

　　平定西藏后，乾隆帝制定了一系列制度，以强化对西藏的管理。

　　乾隆五十七年（1792）八月二十六日，乾隆帝第一次提出以金奔巴瓶抽签法方式，确定达赖、班禅等大喇嘛的化身呼毕勒罕。十一月十七日，正式颁布金奔巴瓶制。

　　金奔巴瓶制的具体做法是，设金奔巴瓶于拉萨大昭寺，内装象牙签数枚，遇有呼毕勒罕出世互报差异时，将报出孩童数名的出生年月日及名姓，各写一签，放入瓶内，焚香诵经七日，由驻藏大臣会同大喇嘛等在众人面前抽签决定。金奔巴瓶制度的颁定，不仅达赖、班禅和西藏的呼图克图，就是青海、蒙古的呼图克图，其择定呼毕勒罕之权，实际上都已归属清政府。这对加强清朝中央政府对蒙藏地区的管辖，起了重大作用。

　　乾隆五十八年（1793）正月，清廷又颁布《钦定西藏章程》，作为管理西藏地区之最高法律。清廷经前后会商共提出102项条款。本月，经清政府修订为29条，正式颁布执行，此即著名的《钦

乾隆皇帝颁赐给西藏地方政府的金奔巴瓶

定西藏章程》。

《章程》规定驻藏大臣和达赖、班禅的职权和地位。驻藏大臣督办藏内事务，与达赖喇嘛、班禅额尔德尼平等，噶布伦以下所有西藏政教官员，均为驻藏大臣之属员，事无大小，均禀明驻藏大臣办理。驻藏大臣有拣选地方官吏之权力。前后藏噶布伦、戴本、商卓特巴以下官员，凡有缺出，统归驻藏大臣会同达赖喇嘛拣选，分别奏补拣放。地方官员升黜赏罚，亦由驻藏大臣主持。达赖、班禅和西藏各地黄教呼图克图之呼毕勒罕，必须在驻藏大臣监视下，采用金瓶掣签决定。达赖、班禅新呼毕勒罕，须在驻藏大臣主持下，行"坐床"典礼。西藏地方设军队3000名，给钱粮口粮，加以训练，行守土之责。西藏对外交涉诸事务，均由驻藏大臣主持，噶布伦以下官员，不得对外私行发信。西藏地方政府财政收支，统归驻藏大臣稽查总核，并设立机构，铸造银币，统一货币成色和折算比价。

英国使者马戛尔尼访华

乾隆五十八年（1793）八月十日，乾隆帝在承德避暑山庄万树园接见英国正使马戛尔尼、副使斯当东等人。

乾隆五十七年，英国派遣以马戛尔尼为首的外交使团一行700余人启程来华。使团携带天文及地理仪器、乐器、钟表、图册、毯毡、车辆、武器、船只模型等，于当年六月十八日到达大沽，

马戛尔尼像

长芦盐政征瑞前往迎接，直隶总督梁肯堂从保定专程至天津接待。

本日，在承德避暑山庄万树园，马戛尔尼觐见爱新觉罗弘历（高宗），行单膝下跪礼，并呈递国书。弘历赐宴并向英王和使团正副使节赠送礼物，又派大臣陪同使团游览山庄。英使团参加弘历83岁生日庆典后，返回北京。

马戛尔尼随之向清政府提出一系列要求：请中国允许英国商船在舟山、宁波、天津等处靠岸，经营商业；允许英国商人在北京设立洋行，买卖货物；于舟山附近划一未经设防小岛，归英国商人使用，以便英国商船在此停靠，

147

存放货物，居住商人；在广州附近得一同样权利，且任英国人自由来往，不加禁止；英国商货，自澳门运往广州，免税或减税；英国货船，按照中国所定税率交税，不额外加征。乾隆帝在给英王的敕书中拒绝了上述一切要求。

马戛尔尼交涉未获结果，次月三日离北京，沿运河南下，抵杭州，又去广州。十二月九日，马戛尔尼从广州乘船回国。

纪昀主持编《四库全书总目》

《四库全书》编修完成后，乾隆帝又任命纪昀等负责编纂《四库全书总目》。各纂修官在纪昀的组织下开始对所有文献进行整理与编次，并写出各书提要，最后由纪昀确定《总目》体例，润饰或修订全书提要。乾隆五十八年（1793）底，《总目》编成，交付武英殿刊版印行。

《总目》共200卷，分经史子集四部，四部之下又分44小类，小类之下又分子目。同类之书按时代先后编排，而把帝王著作放在开头，形成了结构谨严的等级分类体系。

《总目》在分类体系方面，特别是在小类的设置及类目的分合上颇多创新。它强调以图书内容作为分类的主要依据，如把帝王的诏令、臣属的奏议归属史部，因为其内容多涉及国家政治。同时注意依据图书数量的多少来决定类目的分合，如把传世著作较少的名、墨、纵横诸家并入杂家。至于四部以下的小类设置，则注重等级结构的从属关系和平行关系，以层层展开的类例体系反映学术发展的支分派别，如经部小学类分为训诂、字书、韵书，澄清了以往该类图书归属上的混乱。

《总目》作为中国解题目录的代表，在提要写作方面，总结了刘向以来历代官私目录提要的编纂传统，确立了内容详备、体例完善的提要形式，包括叙述作者生平思想、书籍内容以及辨订版本异同等。在提要内容上，《总目》提要多注重评论，指陈得失，以寥寥数语指出图书的学术价值，并指点求书从学的方法，突破了单纯罗列图书的一般程式，从更高的研究角度展现了一幅学术与文化的概图；而且还以考据见长，汇聚了当时考据学的重要成果。

除目录、提要之外，《总目》还有总序和类序。四部之首都有总序，简介学术的源流演变，勾勒图籍的兴衰分合，评论各学科的长短得失，使学者在查阅图书的同时，对图书要旨有一个概括的了解。四部以下各小类又各有小序，详细解释类目分并的原因以及各条目的具体意义。

《总目》中提要与类序的完善结合，不仅发扬了汉代目录学注重学术渊源流变的传统，也体现了清汉学家注重考校辨订、无征不信的严谨风格，使《总目》成为古典目录学的集大成之作，从而将传统目录学推向了巅峰。

《四库全书总目》是中国古代最大的官修目录，其内容上的博大精深及体例上的谨严完善，成为后世学者研究和模仿的典范。特别是它的分类体系，成为所有公、私目录的统一体例。之后百余年，公私目录都使用这种体系，直到十进分类法传入我国。

赵翼论史

清乾隆六十年（1795），著名史学家赵翼撰成《廿二史札记》一书。

赵翼（1727 ~ 1814），字耕耘，江苏阳湖（常州市）人。所著《廿二史札记》36卷，上起《史记》，下至《明史》，包含全部二十四史，因《旧唐书》和《旧五代史》当时未正式列入"正史"，故名"二十二史"。赵氏考史，最基本的方法是"相互核校"，即每部史书中纪、表、志、传的互相考校和相关史书的对比考订，通过对史事的考订，查找异同，辨其谬误，正本清源。

《廿二史札记》最大特点是"以议论为主"，它表现在两个方面：一是评论史事，一是评论史学。在评论史事方面，范围很广，重点则是历代政治。如汉之外戚、党禁；魏晋南北朝之门第、九品中正、清谈；唐代之女祸、藩镇、宦官；五代之武将；宋代之弊政、和议；辽金元之用兵；明代之刑狱、朋党等等，都是有针对性地发表议论，而且不蹈袭前人，有自己独到的见解。如在《唐节度使之祸》条中，赵翼对唐节度使进行具体分析，指出节度使占领地盘、统领重镇、控制户民、征收财赋，遂成尾大不掉之势，以致中央无法节制，造成"安史之乱"。赵翼论史，多取历代弊政，这也反映了作者史以鉴戒、经世致用的治史思想。

在史学评论方面，赵翼善于运用比较方法，所得结论相对客观公允。如

"《史》、《汉》互有得失"、"《新五代史》书法谨严"、"《宋史》事最详"、"《辽史》立表最善"等,都是比较重要的史学见解。对于修史,赵翼称赞取材精审和文笔简净,厌恶曲笔和讳饰,肯定直笔和实录,提倡私人修史,自成一家之言。

赵翼论史,援古证今,贯串全史,在"博古而不通今"的乾嘉考史学派中可谓一枝独秀。他的治史思想对后世的史评和史学评论有很大的推动作用。

湘黔两地苗民起义

乾隆六十年(1795)正月,湘、黔苗民起兵抗清。

湘黔苗民,受多种盘剥,常此债未清,又欠彼债,盎无余粒,田产罄尽,生活无着,遂起而反清。正月十三日,贵州松桃厅大寨人石柳邓以"逐客民、复故土"相号召,发动起事。十八日,湖南永绥厅黄瓜寨人石三保起而响应。凤凰厅属吴陇登、吴半生,乾州厅属吴八月等亦纷纷响应。二十九日,湘西苗民在鸦西寨大败官军,杀死镇筸镇总兵明安图、永绥副将伊萨那、同知彭凤尧,旋攻下乾州城。

清朝总督福康安、提督花连布闻讯后率兵赶到,十八日解正大营围后,便放火烧山。二十六日,义军撤出松桃,石柳邓率师入湘西,与石三保在永绥黄瓜寨会师。黄瓜寨是湘黔苗民起义的重要根据地之一。石柳邓与石三保在黄瓜寨会师后,福康安与和琳等分别率川、滇、黔、湘清军尾追逼进黄瓜寨。四月,清军绕道进攻黄瓜山大梁,起义军采取"官有万兵,我有万山,其来我去,其去我来"战术,巧妙利用地形,避实就虚,东游西击,打击清军,还击败了护送粮饷的花连布军。后来,终因寡不敌众,石柳邓与石三保被迫率领义军转移,清军占领并火烧了黄瓜寨。石柳邓、石三保自黄瓜寨转移后,继续联络各部,集结力量,与清军进行斗争。他们在乾州平隆推举吴八月为王。福康安与和

清代镶珠石珊瑚马鞍,以木质为胎,外包黄金,金面錾云龙花纹。前后鞍各有一条金龙,各衔珍珠一颗;鞍桥边嵌有绿松石、红珊瑚等;障泥为黄缎,上绣金龙,并有八宝图案,为马鞍中精品。

琳率清军分路围追起义军。吴半生在鸭保寨兵败后投降。在福康安"以苗攻苗"的策略下，吴陇登也归附清军。十一月，吴八月率领义军转战至卧盘寨，吴陇登伪装溃散，也混入卧盘寨。三日，吴八月被吴陇登计俘，解至福康安军营后遭杀害。湘黔苗民起义遭到重创。

川楚陕各地白莲教大起义

嘉庆元年（1796）正月七日白莲教聚众起事。

白莲教源于佛教净土宗，以西方净土白莲池理想为最后归宿。早期为一般宗教组织，在下层民众中传布，经历种种演化，方变成民间抗清组织。由于清朝严禁民间宗教活动以及民间宗教组织分散、松懈之特点，清代白莲教支派林立，名目繁多，多信奉"真空家乡，无生老母"8字真言。

清朝中叶以后，社会矛盾逐渐激化，统治者日趋腐朽。白莲教遂以"官逼民反"为号召，组织民众在川、楚、陕广大地区，掀起轰轰烈烈的抗清运动。

正月七日，张正漠、聂杰人等首先发难，在湖北荆州地区率众起事。此后，迅速波及四川、陕西、河南、甘肃等省。

嘉庆元年（1796）二月二日，王聪儿等人率领白莲教徒在襄阳黄龙珰（今湖北襄樊东南）起义。

王聪儿，又称齐王氏，湖北襄阳人。她自幼流落江湖，娴习骑射，貌美侠勇。其夫齐林是襄阳县总差役，又是白莲教襄阳地区总教师。齐林等原定于正月元宵节（十五日）起事，因密谋外泄，被捕杀，首级悬挂于城门，同时被捕杀者100余人。齐林徒弟刘启荣、张汉潮等要为齐林发丧复仇，在二月二日聚集白莲教徒几千人，推举王聪儿为总教师，在齐林故里襄阳黄龙垱起义。王聪儿时年20岁，衣著尽白，非常有号召力。起事后，她率领白莲教军攻打襄阳城，未能攻下，又打樊城。这期间，同时起事的白莲教另一首领曾大寿违反军令，王聪儿下令将其斩首。于是，王聪儿领导的白莲教军纪律更加严明，活跃于湖北、河南边界地区。

此外，还有杨子敳起耒阳，谭贵起旗鼓寨，楚金贵、鲁惟志起孝感，林之华、覃加耀起长阳。这些起义军与王聪儿领导的白莲教军相互呼应，声势日益浩大。

同年九月，徐天德等在四川达州起义，杀死清总兵，声势大振。

白莲教大起义后，清廷派兵分头攻杀，历经多年，白莲教战火逐渐被扑灭。

嘉庆三年（1798），四川罗其清被俘后处死，王三槐被俘后凌迟，王聪儿军被围。白连教军无路可走，仍奋力抵抗，纷纷倒在血泊之中。王聪儿率领女战士10余人，与姚之富等登到山顶，誓不做俘虏，不受侮辱，相继投崖，壮烈牺牲。当时王聪儿年仅22岁。

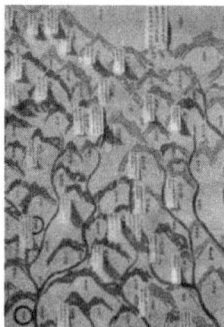

清军讨白莲教布防图

乾隆退位

乾隆六十年（1795）九月三日，乾隆帝在勤政殿召见皇子、皇孙及王公大臣等，宣示立皇十五子嘉亲王颙琰为皇太子，以次年为建元嘉庆元年，届期归政。乾隆帝在谕示中说：朕即位之初，就曾表示在位六十年，即当传位嗣子，不敢上同皇祖纪元六十一载之数。他同时又强调：归政后，凡遇军国大事，及用人行政诸大端，岂能置之不问，仍当躬亲指教，嗣皇帝朝夕敬聆训谕，将来知所禀承，不致错失。嘉庆元年（1796）正月一日，乾隆帝御太和殿，正式把皇位传给嘉庆帝，自己称太上皇，实行训政。

嘉庆帝名颙琰，是乾隆帝第十五子，生于乾隆二十五年（1760）十月六日，母亲是孝仪恭顺纯皇后魏佳氏。嘉庆帝6岁开始读书，以兵部侍郎奉宽为师，13岁通五经，向工部侍郎谢墉学今体诗，向侍讲学士朱珪学古文古体诗。嘉庆帝未即位前，喜读历史书籍，对上下三千年历朝治绩一目了然。嘉庆帝即位礼仪十分隆重。嘉庆帝即位的消息，由礼部、鸿胪寺官员在天安门城楼上向全国宣布。不过，嘉庆帝即位的前3年里，实际上不掌大权。